探検家の日々本本《ひびぼんぼん》

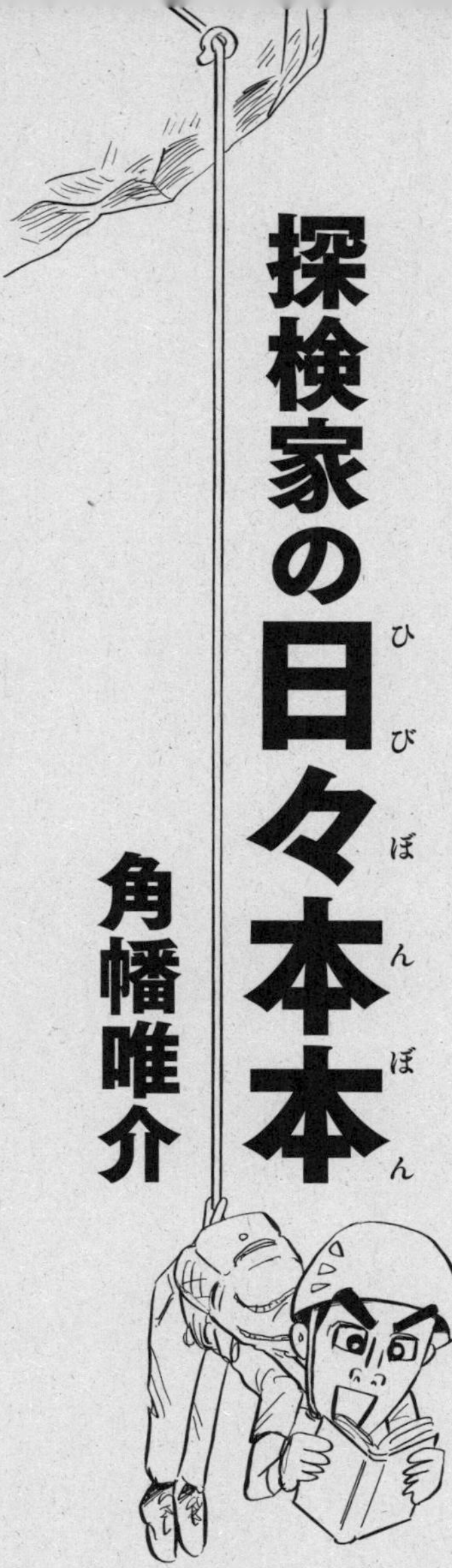

角幡唯介

幻冬舎

探検家の日々本本

もくじ

はじめに 6

日々本本1 小説篇1

三大北壁と子供と母と男と女
金原ひとみ『マザーズ』を読む 12

就活とフェイスブックに見る現代の優しさ
伊藤計劃『ハーモニー』を読む 23

表現者の宿業
サマセット・モーム『月と六ペンス』を読む 36

同一状況下における状況と状況のすれ違い
中島京子『小さいおうち』を読む 49

読書日記1 60

日々本本2 ノンフィクション海外篇

お願い！ サードマン
ジョン・ガイガー『奇跡の生還へ導く人』を読む 86

山のジャンル化、マニュアル化
ジョン・クラカワー『空へ』を読む 97

はるか遠くの大いなる孤独のなか
ジョーゼフ・キャンベル、ビル・モイヤーズ『神話の力』を読む 110

私が探検家を名乗るわけ
ショーン・エリス、ペニー・ジューノ『狼の群れと暮らした男』を読む 122

読書日記2 134

日々本本3　ノンフィクション国内篇

旅に向かわせた一冊
高野秀行『西南シルクロードは密林に消える』を読む　160

恥ずべき原点
金子民雄『東ヒマラヤ探検史』を読む　172

予断について――私的ノンフィクション考①
増田俊也『木村政彦はなぜ力道山を殺さなかったのか』を読む　184

超人ウエムラの秘密
植村直己『北極圏一万二千キロ』を読む　195

事実を捕まえる――私的ノンフィクション考②
井田真木子『同性愛者たち』（『井田真木子著作撰集』）を読む　206

読書日記3　220

日々本本4　小説篇2

雨の西落合付近
町田康『告白』を読む　248

六道輪廻をゆく
辻邦生『西行花伝』を読む　259

神なき土地へ
コーマック・マッカーシー『ザ・ロード』を読む　273

書名索引　285

はじめに

登山家や探検家、冒険家とよばれる人には、小さい頃に植村直己の影響を受けたという人が実に多い。いうまでもなく植村直己は戦後を駆け抜けた、日本が世界に誇る不世出の冒険家である。明治大学山岳部を出た後、アマゾン川筏下りを皮切りに、日本人初のエベレスト登頂、世界初となる北極点単独到達など数々の金字塔を打ち立て、その旅の顚末は帰国するたびに単行本となって世に送り出された。彼の素朴で飾らない文章と、困難に直面してもユーモアと天真爛漫さを失わない前向きな精神は多くの人を魅了し、その作品の何点かは文庫本として今も版を重ねている（はずである）。登山家や冒険家には、その植村直己の著作を子供の頃に読み、裸一貫で世界の辺境に飛び出していくという行動のロマンに魅了され、将来は自分もアマゾンを下ろうとか、極地を目指そうという夢を抱き、そして気づいたら本当に登山家や冒険家になっていたという人が結構いるのである。

そう考えると、植村直己というのは罪作りな男である。彼が書いた魅力的な本の結果、少なくない数の人間が〝悪性のロマン〟に感染し、山や極地に迷いこみ、その夢の代償として就職や人並みの生活をあきらめ、人生を狂わせてしまったのだから（本書でも少し触れているが、登山や冒険の世界はあまり深入りすると必然的に就職とか結婚などといったまっとうな社会生活から縁遠くなるシステムになっている）。つまり、もし植村直己が波瀾万丈な物語を提示することで子供たちに夢を振りまくことさえしなければ、登山家や冒険家のうちの何人かは登山家や冒険家などにはならなくても済んだかもしれなかったのだ。ビルの窓ふきのバイトなどで生活するのではなく、きちんと市役所や銀行に就職し、早稲田の四畳半風呂なし共同便所のアパートなどに住まずに、東京の郊外に三十年ローンで一軒家を購入することができたに違いないのである。そして今頃は週末ごとに甲斐駒ヶ岳や錫杖岳《しゃくじょうだけ》の氷壁にピッケルを振るうのではなく、スバルのＳＵＶで北関東のショッピングモールに出かけて娘にザラの子供服を買って喜ばせていたことだろう。

このように読書というものは、人の人生を狂わせ、道を踏み外させてしまうかもしれないわけだから、非常に恐ろしい営為だといえる。振り返ってみると、探検家として活動している私も読書には散々振り回されてきた。あの時、あんな本を読んでしまったせいで、私はあんなところに行くことになってしまったのだ。そしてあんなところに行ったせいで、今はこんなことをしてしまっているのである。

本書はその私のこれまでの人生や探検と、読書との相互作用を述べたものである。私がどのような本と出会い、そしてその本の影響でどのような行動をしたか。あるいはどのような行動をした結果、どのような読み方をしたか。そのような本にまつわる個人的な雑多な履歴をまとめたものである。従って、いわゆる通常の読書エッセイとは異なり、読んだ本の内容についての論評や解釈を述べたものではなく、それぞれの本が私に与えた影響のようなものについて書いているので、取り上げた本の内容についてほとんど触れていない文章もある。

探検や冒険とは世界のギリギリの縁を旅するような行為である。そのためこうしたことをつづけていると、どうしても独自の視点や世界観のようなものが形成され、その独自な視点や世界観をもって本を読むものだから、私の本の読み方は一般の読者とは異なった独りよがりな読み方となっている可能性がある。下手をすると誤読しているケースもあるだろうが、しかしこと本を読むことに関する限り、私は誤読を恐れない。たとえ著者の意図とはことなるものであっても、読み手の感性と共鳴するものがあれば、それは読書としては成功だからである。読書というのは結局、本と読者の響き合いなので、読み手側に本の内容を受け止めるだけの思考や経験、感性などの人格的厚みがないと成立しないものなのだ。

私の場合、そうした人格的厚みを形成されたのがいくつかの探検行によってだった。探検の経験を通じた目で私は本を読み、その読書が新しい発見をもたらし、その発見が私の思考や経験や感性をさらに数センチ深めてくれた。経験→読書→発見→深化。これが読書と人間の相互作用である。読書には未消化だった経験に適切な言葉を与えてくれるという効能があり、言葉が与えられることでかたちの曖昧だった経験は明確な輪郭を伴った思想に昇華されるのである。

この際だからはっきりと言っておこう。人生をつつがなく平凡に暮らしたいのなら本など読まないほうがいい。しかし、本を読んだほうが人生は格段に面白くなる。読書は読み手に取り返しのつかない衝撃を与えることがあり、その衝撃が生き方という船の舳先をわずかにずらし、人生に想定もしていなかった新しい展開と方向性をもたらすのだ。しかもその衝撃は意外と潜伏期間が長く、何年間も自覚症状がなかったのに、別の本を読んだ時にそれが引き金となってマラリアみたいにひょっこり顔を出し、読み手の将来設計を変えるなどしてしまうのである。要するに読書には人生の予定調和をぶち壊す毒薬のような破壊力があり、それこそが私が考える読書という営為の最大の美点なのだ。マラリアに感染していない人生より、マラリアに感染している人生のほうが面白いに決まっているだろう。

ちなみに、私が探検家になったのも幼少期に植村直己の本に感化されたせいかというと、実はそうではない。私が植村直己の名前を知ったのは、高校の国語の授業中に登山が趣味だった先生が、「昔、この学校の学園祭に植村直己さんを講師に招き話を聞いたことがありました。非常に多忙な中を十万円で引き受けてくれて、貴重な話を聞かせてもらったのに、生徒のほとんどは居眠りをしていて本当に申し訳ないことをしました」という雑談をしてくれたときだった。そのときまで私は植村直己という人物について聞いたことがなかったし、そもそも私が知っているナオミは植村直己ではなくナオミ・キャンベルだった。植村直己の本を読んだのは、すでに大学の探検部に入り、登山や探検めいたことを開始した後のことだったので、彼の本は私の人生に何の影響もおよぼさなかった。要するにすでに手遅れだったわけだ。

しかしというか、だからというか、こんなことを考えることがある。もしまだ無垢だった小学生や中学生のときに彼の本を読んでいたら、私の人生はどのような影響を受けていただろうかと。もしかしたら、こんな極地みたいな過酷な世界は絶対に御免だと思い、それがトラウマとなり探検家ではなくもう少しおとなしい人生を歩んでいたかもしれない。だとしたら、私は植村直己の本を読んでおくべきだったのかもしれない。つまり読書とはタイミングが重要だということだ。そのとき、その場限りの一期一会のものなのである。

日々本本 1

小説篇 1

三大北壁と子供と母と男と女

金原ひとみ『マザーズ』を読む

数年前、早稲田大学探検部の後輩から、これが最後になるかもしれないから、ちょっと山登りに付き合ってもらえませんかと誘われたことがあった。山好きにとっては穏やかではない話なのでその理由を聞いてみると、奥さんが子供を身籠ったのだという。

「子供が生まれたら数年間は山には行けないでしょうから、最後に納得のいく山登りをしたいんです」

結婚もしていなかった当時の私にとって、家庭を持って子供を育てることは、チベット探検や北極探検を上回る非日常の極致だったため、そんな未知の領域に足を踏み出すことを決心した彼の逞《たくま》しい心意気を是として、私は岐阜県北アルプスの峻峰・錫杖岳に一緒にクライミングをしに行くことにした。

錫杖岳というのは標高こそ二千百六十八メートルとさほど高いとはいえない山だが、全面的に傾斜のきつい針のような岩壁で身を固めており、とりわけ近年はそのアプローチの至便さも手伝って、夏冬問わずテクニカルなクライミングを志向する登山者から人気を集めている山である。私たちが登りに行ったのは「北沢大滝〜見張り塔からずっと」という長い名前のルートで、技術的にはさほど難しくないものの、しかし無理なく本峰の頂上まで登れるのがウリの気持ちのいいルートだ。この時は残念ながら、前日降った雨の影響で上部の岩壁がまだ濡れていたため途中で敗退となってしまったが、しかしそれでも後輩は最後に岩に触れたことで気持ちの整理がついたらしく、これでしばらく山から足を洗って育児に専念できます、というようなことを言ったかどうかは覚えていないが、とりあえず憑《つ》き物が落ちたような晴れやかな顔はしていた。そしてロープを畳みながら面白いことを教えてくれたのである。

「俗に三大北壁って言うらしいですよ」

「何が？」

「就職、結婚、育児」

なるほど。言い得て妙な比喩だと思った。

三大北壁とは登山の本場ヨーロッパアルプスにあるアイガー北壁、グランドジョラス北壁、マッターホルン北壁という三つの巨大な岩壁のことをさす。いずれも困難で危険、もちろん過酷。初登頂に至るまでの歴史にもドラマ性があり、登山界で三大北壁といえば岩壁の中の岩壁とでもいった象徴的な存在として認知されている。後輩が教えてくれたのは、「山ヤ」が山を登りつづけるのに障壁となる三つの人生の節目を、その三大北壁にたとえて言った言葉だった。

就職、結婚、育児。たしかにこの三つを乗り越えて登山をつづけるのは難しい。私の周りでも多くの者が挫折し山を離れていった。大学で山登りをはじめても、そのうちの多くの者はまず就職を機にやめる。就職という壁を乗り越えても次には結婚という壁が待っている。そして結婚という壁の先には育児という壁が立ちはだかる。しかも壁としての難易度は次第に高まるというのがもっぱらの評判だ。まず「就職北壁」が一番登りやすい。なぜならそれは本人のやる気次第でいくらでも乗り越えられるからだ。しかし次の「結婚北壁」となるとそうはいかない。自分の他に妻との関係の問題がくわわるので壁ははるかに困難になるし、時には登山自体より高いリスクを背負うこともある。そして最後に控える「育児北壁」ともなると、これはもう……私は知らないが、見上げただけで手のつけられない悪相の壁だという噂である。

その後輩は就職北壁は難なく登り切り、登山をつづけた。むしろ就職してからのほうが、山にのめりこんでいるくらいだったのだ。結婚北壁も、奥さんと奥さんの父が同じクライマーだということもあり一家総出で乗り越えた。そしてこれから彼は最難の育児北壁に取り付こうとしていた。考えてみれば彼とは一緒に冬の北アルプスで五百メートル近く雪崩に流され、埋没したところを助けてもらったという忘れがたい思い出もあった。がんばれよ。いつかまた戻ってこいよ。私は思わずそう声をかけたくなった。

それにしても、なぜ山登りを一生つづけるのは難しいのだろう。

就職は分かりやすい。慣れない仕事に忙殺され、毎日残業がつづき、上司や取引先との付き合いにも神経をすり減らされる。いくら好きでやっているとはいえ、はっきりいって週末に定期的に山に登るにはかなりのエネルギーが必要だ。それに金もかかる。自家用車を持っているならまだしも、都会に住んでいる新入社員なら電車やバスで登りに行くことが多いだろうから、前日のうちに荷物のパッキングを済ませ、重いザックを背負い、何度も乗り換えや電車待ちを繰り返さなければ山にはたどり着かない。ようやく着いたはいいものの、結局天気が悪くて登れないことも珍しくない。そんなことをするなら、仕事で疲れているのだから休日ぐらい家でゆっくりと休みたい、というのは社会人一年目の心境としては自然だろう。

結婚して山に行かなくなるのも、男の視点からではあるが、分からないではない。山に登る男と山に登らない女との間の議論に絶対に答えは出ないからだ。女は大体こういうことを言う。せっかくの休日なのに、なぜ二人で出かけずにあなたは山にばかり行こうとするの。結婚って二人の共同作業だし、一緒に感動を分かち合うことで関係を深め合うことが結婚する意義なんだと私は思う。私たちは一緒なんだよ。結婚したんだよ。山に行くぐらいなら結婚なんてしなきゃよかったじゃない。あなたは結局、私と一緒にいるより山に行ったほうが楽しいのよ。男はこう反論するだろう。どうしてそういうふうに言うわけ？両者はどっちが好きかとか、そういう同じ天秤で価値を測れるようなものじゃないじゃないか。もちろんお前と一緒にいたほうが楽しいよ。楽しいけど、でもやっぱり山に登ることも重要なわけよ。山ってのは人生みたいなもんだし、自然の中には日常では感じられない刺激があるわけじゃないか。お前が言っているのは仕事と私とどっちが大事なのっていう聞き分けのない女のセリフと同じだぞ。山は仕事みたいなものなんだ。そう。仕事なんだよ。

このやりとりを読んでも分かるように、お嬢さん、山男には惚れるなよという言葉は真実だ。山に登る男は山に登りたいばっかりに、理屈にもならない理屈をこねて妻を説得したり、騙したり、山以外の部分では積極的に妻に屈服して掃除をしてみせたり、アイスを食わせたり、便座に座って小便することを習慣化したり、いろいろおもねって山に行こうとする。だけどやはり口論は絶えない。クライマーの間では、妻の機嫌を損ねたまま山に行き、帰宅してみると激怒した妻が玄関の鍵を閉めてしまったため、中に入ることができずやむを得ず木を登って二階の窓から入った、なんて話はざらにあるのだ。だから多くの場合は結婚を機に山が縁遠くなる。アインシュタインが言うには、結婚とはたまたま起きてしまったことを長つづきさせようとする虚しい試みであるそうだから、二人の関係を気まずいものにしないよう奥さん孝行に休日を使うようになり、結果的に山から足が遠のいていくのである。

では、子供の場合はどうだろうか。私は今までこう理解していた。いくら何でも育児をほったらかして自分だけ好きな山に行くのは人倫にもとる。妻のほうは育児ストレスでイライラしているし、「どうして私だけ子供の面倒を見なくてはいけないの？　あなたばっかり好きな山に行って不公平じゃない」と糾弾されたら、駄々をこねるぐらいしか反駁《はんばく》できる言葉なんて見つかるわけがない。駄々をこねて育児を放棄したら、それはもう家庭崩壊寸前だ。従って普通は子供ができてしばらくの間は休日を育児にあてざるを得ず、山に行くことはできない。

しかし最近では、もしかしたら違ったのではないかと考えるようになった。子供ができて山に登らなくなるのは、育児に手がかかるからではなく、もっと深いところに理由があるからではないか。そんなことを思うようになったのは金原ひとみの『マザーズ』を読んだからである。

『マザーズ』は見えていなかった世界を見せてくれたという意味で私にとっては衝撃的な作品だった。この小説にはドラッグに手を出し幻覚に溺れる作家、育児に疲れ果て子供を虐待する主婦、不倫相手の子供を妊娠したモデルという、同じ保育園に子供を通わせる三人の女性の、母親としての複雑な心理とそれと連動する身体が描かれている。彼女らにはそれぞれにためこんだ葛藤があり、解決のできない孤独があり、子供に対する、時には憎悪に転化する理屈では割り切れない愛情と当惑があり、鬱屈した不満を爆発させた後の混乱がある。

どうやら子供というのは自然そのものであるらしい。自然というのは人間には制御できないもの、どうしようもないものと私は理解している。北極の荒野を歩いていると突然吹雪になって顔が凍傷になったり、氷丘の脇からシロクマが現れたり、猛烈な乱氷帯が現れて先に進めなくなったりする。登山も同じようなもので、いくら気持ちよく氷壁を登っていても、急激に天気が悪化したら、その瞬間から登山者は人生の最大の危機を迎えることになる。ジャングル探検では蚊に刺されてマラリア熱に苦しんだり、知らない幼虫が傷口に巣食って未知の倦怠感に苦しんだりする。自然の中を旅すると人間側の思惑など何も通用しないことを思い知らされ、それがまた面白いわけだが、山だとか北極といった極端な例でなくとも、例えば自分の身体だって自分自身で制御できずに癌になったりするわけだから完全な自然だし、男からすると女という生き物はまったく理解のできない聞き分けのないことばかり言うわけだから男女関係も自然だといえる。

そう考えると子供というのは雄大な大自然そのものだ。ただでさえ理解できない「完全自然状態」にある男女の間で、どのような妥協が成り立ったのかは知らないが、うまいこと精子と卵子が結合してそれが育って外の世界に飛び出して、ウンコをまき散らしたり、山手線の中で周囲の迷惑も考えず泣き喚いたりするのだから、これはもう超大自然である。

つまり、子供を育てるということは自然を相手に格闘するのに等しいわけで、やっていることは山登りと同じなのだ。だから子供ができると、わざわざ山になんぞ行く必要はなくなり、育児を機に登山から足を洗う。そういうことなのではないか。そう考えると育児北壁の難易度が高いのは当たり前だ。自分のやる気や努力で乗り越えられるような壁ではなく、山よりも子供のほうが面白いや、ということでやめるのだから。

『マザーズ』を読むことで女と男の思考回路が完全に異なる理由も何となく理解できた。考えてみると女性は十カ月も子供を腹の中で育てるわけで、それは身体の中に制御できない大自然を抱えているに等しい。『マザーズ』に登場するのは子供という自然に翻弄され、でも自然から逃れられず、自然を慈しみ、自然を前提に思考し、そして自ら自然と化していく女たちの姿だった。それに比べて男の身体の何と自然から縁遠いことか……。せいぜい性器が勃起したり、小便を漏らしたりする程度で、妊娠出産に比べるとスケールの小さいこと甚だしい。男は子供のような大自然を胎内に宿すという経験を永遠に持てないため、女のように自分の独立した身体で自然を理解することができないのである。

だから男は山に登ったり北極を探検したりしなければならない。最近は山ガールとかいって登山をする女も増えたが、しかし男の登山と女の登山は基本的に求めるものが違うように思える。これは私の勝手な推測だが、女は美しい景色を満喫したり、きれいな空気で身体を浄化させたりといったことを求めて山に登る人が多いのではないだろうか。しかし男はそうではなく、得てして山に人生とか生の意味とかロマンとかを求めたがる。それはなぜかというと、『マザーズ』によると子供を産めないからである。生と死の秘密は自然の中にしか存在しない。女は山に登らなくても、妊娠と出産という究極の自然を体験することで生と死の秘密を理解できる。少なくとも『マザーズ』の女たちは理解しているようだった。しかし男は自分の内部に生と死の秘密を抱えていないから、それを外部に求めなくてはいけない。それでわざわざ危険で過酷な北極の荒野だのヒマラヤの高峰だのに身を置いて、極寒や希薄な空気や滑落の恐怖といった出産にかわる痛みを自らに課し、生感覚を享受しないといけない。つまり、出産を経験できない男の身体の知覚能力は女に比べて劣っているので、足りない分を他から補充しなければならないのである。私はしばしば女の読者から「角幡さんがどうしてこんな冒険なんかするのか理解できません」などという趣旨のことを言われたり、アマゾンのレビューに書かれたりするが、女が冒険を理解できないのは当たり前で、そんなことをしなくても生と死の秘密が分かるからである。私が冒険するのは子供が産めないからなんですよ。

自分自身の三大北壁の話をしよう。

私はかつて就職北壁には登ったことがあった。二十七歳から五年間、新聞社で働いていたのである。だがその間も山登りはつづけていたので、第一の北壁は完登したといっていいいだろう。第二の結婚北壁に関しては昨年（二〇一二年）結婚し、その後も山登りどころか数カ月の北極探検まで敢行したので、これはもう、かなり美しい新ルートから初登したといっても過言ではない。といっても私たちの間には、私の山登りが原因で何度もある種の軋轢《あつれき》が生じたので、かなり難しい壁であったことは間違いなかった（そしてこの壁は二〇一五年一月現在でまだつづいている）。そして第三の育児北壁であるが、実はつい最近、妻の妊娠が判明した。そして二人で近所の産婦人科に行き、正式に妊娠したことが確認されたその日、私はつわりに苦しむ妻を家に置いて知人二人と北アルプスの剱岳《つるぎだけ》に登りに行った。もちろん妻の承諾を得て、笑顔で「気をつけてね、いってらっしゃい」と玄関で手を振ってくれたので、出だしとしてはまずまずだった。そう、私は最後の難壁に最初の一手をかけたところなのである。

しかしこれからこの壁に様々な難所が待ち受けていることは間違いない。今のところ妻からは「子供が生まれても山に行く気満々だね」と冗談めかしてちくちく言われる程度だが、実際に無事に出産が終わり育児がはじまってからが核心だろう。今はまだ機嫌がいいが、女は子供を産んだら変わるというのは、多くの先輩たちが口をそろえる世の真理らしい。その時に山に行きたいと言ったら、一体妻はどういう反応を示すか……。

しかし『マザーズ』を読んだ今、私にはとっておきの言い訳の切り札がある。「どうして私だけ育児をして、あなたばかり自分の好きな山に行くの？」と詰問されたら、こう言って反論するつもりだ。

「だってしょうがないじゃないか。俺は子供が産みたくても産めないんだから。山に登らないと、生と死の秘密が分からないんだよ」

だがもしかしたら、さらにこう反論されるかもしれない。

「それは矛盾してない？　だって子供は自然そのものなんだから、もう山には行かなくていいはずよ」

その時はもうしょうがない。山登りは理屈じゃないのだ。

就活とフェイスブックに見る現代の優しさ

伊藤計劃『ハーモニー』を読む

もう二年以上前になるだろうか。ある知り合いの新聞記者が身近な山岳関係者や冒険関係者を集めて、月に一回ほど飲み会を開いていたことがあった。たぶんその記者には、若手の登山家にも来てもらい刺激を受けてもらおうという意図があったのだろう、何度か数人の現役の大学山岳部の学生が出席したことがあった。飲み会は大体、本会合が終わると二次会ということで近くの居酒屋なりカラオケボックスなりに場所を移すのだが、その二次会の場で私は大学生の若者たちにある質問をして、その答えに驚かされたことがあった。

私の質問とはこうであった。

「お前、何で就職なんかするの?」

なぜこんな無礼な質問をしたのか、少し長めの解説が必要だろう。

私が大学生だった一九九〇年代から二〇〇〇年代初めにかけて、登山や探検に明け暮れていた学生にとって、就職して会社勤めをすることは最後に選ばれるべき敗北の選択肢だった。就職とはできれば避けたい、自分の人生を現実に合わせて修正した恥ずべき妥協の産物に他ならなかった。

登山や探検というのは実社会に適さない活動だ。その理由のひとつは、例えばヒマラヤだのアマゾンだのに行くと、どうしても活動期間が二カ月から三カ月におよぶため、就職して立派な社会人になったら、そのような長期の遠征が行えなくなるということがある。山を選ぶと就職は断念せざるを得ない。実際に外国で山に登ることを優先したために、ガイドやバイトやヒモで生計を立てて、ほとんど食うや食わずの生活をしている者は決して少なくない。というか、真面目に山登りや探検をすればするほど、みんな真面目に働いていないのである。

その他にも登山や探検には実社会に適さない一面がある。登山や探検は危険な活動だ。危険というのは全財産を失うとか、社会的に抹殺されるとか、そういう二義的な意味における危険でなく、文字通り生命体としての死のリスクを意味する危険だ。それをやったら、やらなかった場合に比べて明らかに死の可能性が高いという意味での危険である。そういう危険を前提とする活動であるから、登山家や探検家は容姿や会話など他の条件が同じである場合、銀行員と比べてはるかに結婚しにくい生き方である。こっちが結婚したくても相手が嫌がるからだ。食えないという意味では画家や物書きも似たようなものかもしれないが、登山や探検には死ぬかもしれないというマイナスがもうひとつくわわるので、さらに結婚しにくくなる。そしてよしんば結婚できたとしても、年に数カ月は海外に出かけるというマグロ漁師的な生活を送る可能性が高くなり、さらにマイナスが増える。人間社会というのは建前として、男と女が対になり、子供を産んで、現在と同程度の人口が維持されることが存続の前提となっているので、結婚をしない者よりも結婚をする者のほうが社会的存在としては望ましい。だから登山や探検は実社会に適さない活動といえる。

そして山岳部や探検部の学生には、そのような異形《いぎょう》の集団に対する帰属意識があるものだから、変な自意識が生まれ、実社会との境界線を勝手に拵《こしら》える傾向がある。俺はあんな危険な岩壁を登ったんだ。俺は誰も行かない峡谷を探検したんだ、と傲慢にも自分を特別な世界の特別な住人だと見なすようになり、そこから俺は他の奴とは違うんだという自意識が育まれていく。恐ろしいことにこの自意識は、例えば一週間の冬山合宿の後に、カネが惜しくて風呂にも入らず、ものすごく臭い格好のまま特急電車に乗った時なども、俺はこんな臭い格好で電車に乗っても全然恥ずかしくないし、他の人から露骨に嫌な顔をされても平気な人間なのだ、俺はこんなに汚いのだ、などと完全に世間とずれた満足感を見出すようになる。このように登山や探検をやっていると感覚が社会からどんどん乖離《かいり》していき、そこに安住するため、四年で大学を卒業して、企業に就職するような普通の生き方がバカらしく思えてくる。だから授業にも出席せず、単位を取らず、学生の本分から外れ、落ちぶれていくことが妙な快感になり、お前は就職なんかして人生を棒に振るのか、アホな奴だと言ってみたり、「堕ちるところまで堕ちてみると、そこから這い上がれないことに気づいた」との先輩の言葉を名言だと言って誉めそやすなど、本来なら負であるべき価値観が正のものとしてまかり通っていくのである。

もちろん山岳部員や探検部員といっても、結果的には私の周りのほとんどの学生が就職していったわけだが、しかしそれは心の中で忸怩《じくじ》たる思いや抵抗感を抱えながらの、何か大きなものをあきらめて下した決断だった、と思う。私たちにとって就職すると決めることは人生で揚げる最初の白旗だった。それは自分の可能性をどこかで見限った瞬間であり、先の見通しを恐れることによる断念であり、現実を目の前にした逃避であり、人生の階段を一段下りることに他ならなかった。私の場合は学生時代にそこまで妥協することはできなかったので、探検家になるなどと大見得を切って就職活動なるものはしなかったが、六年で大学を出た後に二年間アルバイト生活をして、結局その後一度就職をし、また辞めた。結果的に就職したことは現在の自分を築いた貴重な財産になったと思うが、それでもその決断自体は今でも敗北だったと思っている。もし就職していなかったなら自分の人生の完成度は今よりも高かったのではないか、と考えることがなくはないのだ。理想を現実に合わせて人生を修正した時に終わるのが青春だとするならば、私の青春は二十七歳の時に終わった。その後も私は青春を引きずり、その幻影を追いかけ回した時期はあったものの、基本的には二十七歳の時に終わっていたと思う。

できれば就職なんかしたくないと考えるのは学生の特権であろう。それがバンカラ気質の残る山岳部や探検部の学生なら一種の身分証明書みたいなものである。少なくとも学生なら私は就職に対して抵抗感を持つべきだと思う。なぜならそれは社会に対して安易に迎合しないという、若者だからこそ許される反逆の精神の表れだからだ。現実に対して敗北し、修正するのはやむを得ない。それが大人になるということだ。しかし最低でも二十五歳、できれば三十五歳ぐらいまでは、心の中に常に尖った刃を隠し持っているべきである。

と、そのように就職に対して潔癖な考え方を持っていただけに、私はその飲み会の席で山岳部学生の一人が言った言葉に少しあっけにとられたのだった。

その学生は四年でそつなく大学を卒業する見込みであり、大手企業への就職が決まったという。しかも、ここが腑に落ちないところなのだが、その学生には「もう若くないさ」というフォークソングめいた言い訳じみたところとか、人生を少し断念したという敗北感めいたところがさらさらなく、「いや角幡さん。今時、就職しないなんて奴はいませんよ」と、シトラスミントの香りが漂ってきそうな、朝シャン直後のような爽やかな顔で言うのである。

何でそんな簡単に就職できるの？　山はあきらめられるの？　ヒマラヤには行かなくていいの？　別に山じゃなくていいけど、自分の人生でこれだけはやりたいことって君にはないの？　就職することで人生がある程度固まってしまう可能性に対して恐れは抱かないの？

そうした疑問が頭の中を駆けめぐり、それら様々な質問が寄せ集まって、それが代表質問という形で飛び出したのが、お前、何で就職なんかするの？　という大変失礼な冒頭の質問だった。

そして、その答えを聞いた時、私は不意に平手打ちを喰らった気分になった。

「いやー、お母さんを喜ばせたいじゃないですか」

えっ？　お母さん……？


もしかしたらこの学生と母親との間には、母子家庭で女手ひとつで育ててくれて大学まで行かせてくれたとか、そういう特殊な事情があったのかもしれない。でもこの答えを聞いた瞬間、私の頭はそこまで想像力が働かず、この発言は純粋に彼の優しさの発露の結果だと考えた。なぜならその飲み会ではその山岳部員の他に二、三人別の学生もおり、雰囲気的には彼らも、そうそうお母さんを喜ばせたいよねと頷《うなず》いているふうだったからである。いささか雑な反応だったかもしれないが、お母さんを喜ばせたいから就職するという理由は、この若者たちの間では特に違和感なく受け入れられているようだった。

お母さんを喜ばせたい。結構である。文句のつけようはない。当たり前である。喜ばせるべきなのだ、お母さんは。喜ばすべきはまさにお母さんである。しかしそれを言うか？　言い得るか？　という驚きを私は率直に言うと禁じ得なかった。たとえそう思っていたとしても、それを言ってはおしまいだという認識が私にはあったからだ。私の感覚だと十代はもとより、二十代でもそんなことは恥ずかしくて決して口には出せなかった。三十代でもかなり恥ずかしいと思います。今でもよっぽどのことがなければ言えません。というか今まで一度も言ったことがないはずである。お母さんを喜ばせたいなんて。

お母さんにしろ、お父さんにしろ、私が田舎に残した両親のことを初めて気にかけたのは三十三歳の時だった。大学に入学し東京に来てからというもの、私は五年に一回ぐらいしか北海道の実家に帰省しなかったし、自分の人生や山登りや探検に必死で両親のことなど、ほとんど思い浮かべたことさえなかった。それが会社を辞めて、自分の作品があるノンフィクション賞の最終選考に残り、そして結果的に落選した時、ふと、これで親を授賞式に呼ぶことができないんだなと少し残念に思ったことがあった。それまで一度も親孝行というものをしたことがないことに気づき、そのチャンスを逃し、しかもそのチャンスが二度とめぐってこないかもしれないことを、その時はやるせなく思った。同時に親のことなんて気にかけている自分に驚き、これが年を取るということなのだろうかと軽い憂愁も抱いた。もしかしたら私はその時初めて自分の人生というものを振り返ったのかもしれない。

私はそういうもんだと思っていた。男なら若いうちは親のことなんか考えずに自分の人生を摑み取るためにまっしぐらになるもので、故郷は遠きにありて思うものだ。それが今の若者はもしかしたら人生の選択を迫られた時に、のっけから親孝行を考えるのかもしれない。そんな精神面における世代間の断絶を感じさせられたので、この時の飲み会の会話は随分と印象に残っている。

それにしても自分と彼らとの間に横たわる、この十五年間の溝の原因は何であろう。とにかくみんな優しくなったとはよく聞く話だ。優しくて、他人を傷つけたくないし、自分も傷つきたくない。それが現代の若者の間を漂う気分であり、行動を支配する原理であるような感じをたしかに受ける。それが正しいのであれば、私と彼らの間に横たわる十五年の間に一体何があったのだろう。

真っ先に思い浮かぶのはインターネットの発展だ。もはやあまりにも陳腐で言いたくない見解であるが、やはりこれは無視できない要素だろう。ネット内の情報量がランダムな検索に耐え得るほど豊かになり、高速通信網などのインフラ面がストレスのないレベルで使用できるようになったのは、感覚として二〇〇二、〇三年頃からであるような気がする。その頃、私は二十六、七歳。建前上は立派な大人で、一応精神構造や自我も確立し、他者との対話やコミュニケーションのしかたも自前の形式を作り上げ、概《おおむ》ね揺るがないものとなっていた。一方、例の山岳部員君世代はその当時、中学生になるかならないかぐらいだろうから、ネットやメールなどによる通信手段の革命を発育段階で浴びることになったわけだ。心身の発育段階からネットやメールを当たり前のものとして使っているか使っていないかという差は、人格が形成される上で案外大きいのではないかと思う。彼らは世の中に対しての認識を深める段階や人間関係を作り上げる際に、ネットやメールを使うことを前提に育ったのだ。だとすると思考回路もその枠組みの中で作り上げられていくはずだ。

私は情報論やコミュニケーション論に関して無知なので、これはまったくの個人的な感想に過ぎないのだが、ネットやメールには優しさや傷つきたくないという感情を助長する傾向があるように思う。テレビや新聞などでよく見聞きする話であるが、中高生の間では、メル友の数を確保したいがために、メールが来たら相手を傷つけないように必ず返信するという気忙《きぜわ》しい人間関係が結ばれているというではないか。たしかに使っている者の実感としても、気の置けない友人からの何気ないメールでも、一応、返事をしなくてはいけないという心配りを求められるのがメールというツールである気がする。またフェイスブックに象徴されることだが、お互いに誉めそやしたり、いいね！　と励まし合ったりするあの雰囲気は一体何なのだろう。今日はこんな夕食食べましたとか、こんなところに出かけましたとか、およそ他人にとってはどうでもよい話にしか思えない日常の話題を写真付きで公開し、おまけに喜び合って、気持ちよくなれそうな相手に一方的に友達リクエストなるものを送って交際を求めるという、あのわけの分からない空間の魅力が私にはさっぱり理解できないのだが、あれなどは典型的な優しさ、気持ちよさ蔓延ツールであろう。

フェイスブックが優しさや気持ちよさであふれているのは、実名が前提なので本音や人の悪口が書けないからなのかもしれない。ネット社会では本音や悪口は匿名で書くものだ。ネットの書き込みが好きになれないのは、表では気持ちよさそうなことばかり言い合っているくせに、裏では匿名で人間の最悪な部分を露骨なほど見せびらかして相手を徹底的に攻撃するところがあるからだ。職業柄これは特にアマゾンのレビューに対して思うのだが、言いたいことがあるなら実名で書けばいいのに、そこまでの気概がないから裏でこそこそ卑怯なことを書くのがネット社会の住人の特徴だ。今更言っても詮無いことではあるが、要するにネットとかメールというのは、実名で書く表向きの部分は優しさと思いやりであふれており、相手を傷つけないように、自分も傷つかないようにという馴れ合い、かつ気持ちのいい感じで人間関係を成立させる一方、そこからハミ出した悪口や露骨な本音や誰かを傷つけるような言動をする時、表の実名社会からとりあえず離脱し、匿名で散々やるという、裏表がきっちり分かれた情報世界なのだと私は認識している。

この優しさたっぷり、優しくないものは排除するという、優しさ至上主義が行き着いたらどうなるかを示したのが伊藤計劃《けいかく》の『ハーモニー』という小説だった（この連載は一応、読書エッセイという建前なのだが、本の名前が登場するまで軽く十枚以上要してしまってスミマセン）。この小説は相手を傷つけるような言動、行為を厳しく取り締まり、分子生物機械みたいなものが各個人の体内を二十四時間巡回し、監視するという未来社会を描いている。建前的な優しさが万遍なく行き渡り、笑顔と称賛と慰撫によりあらゆる人間関係が成り立っているのだから、本来は住人にとって気持ちのいいハーモニー的気分が行き渡っているはずなのだが、しかし他人に優しくない言動、行為は厳しく取り締まられるのだから、実は決定的に自由が欠けている社会でもある。つまりジョージ・オーウェルの『一九八四年』がビッグブラザーという政治権力が作り上げた監視社会を描いたSFであるなら、『ハーモニー』は優しさという私たち自身の中から内発的かつ選択的に発生した価値が正義を帯びた主義に変わり、政治権力を持った監視社会を描いているわけだ。

つくづく伊藤計劃という才能が夭折《ようせつ》したことは惜しまれる。この作家が次に何を書くのか、ぜひ読んでみたかった。自分たちの身の周りを見渡すと、彼が予言したハーモニー的社会が近いうちに実現しそうな気さえしてくる。

お母さんのことだとかフェイスブックに限らず、現代社会では優しさや他者への過剰な気配りが蔓延し、私たち自身の行動や発想をがんじがらめにしているように思えてならない。先生や保護者に見守られながら集団下校する子供たちを見るたびに、私は複雑な思いがする。あのように子供が守られ、守られるという感覚が当たり前のものとして刷り込まれた子供が大人になった時、社会はハーモニーに近づく気がするからだ（ただ、そんなことを思うのは私にはまだ子供がいないからで、子供ができたらまた感覚が変わって、自分もまたハーモニー的価値観を最上のものとしてもろ手を挙げて賛成するのではないかという予感がないわけではない)。あるいは報道の分野だと、例えば東日本大震災の時に被災者に配慮し、遺体の映像や写真などはすべて削られたと聞いているが(私は当時、北極圏にいたため、震災時の日本の雰囲気を実は知らない)、一方では遺体が映った映像がネット上にはあふれ、みんなそちらを見ていたという、表で言っていることと裏でやっていることが全然違うという現実は何を物語るのだろう。司法の分野だと裁判員制度が導入されて法廷に市民感覚が持ち込まれたのは結構なことだが、その市民感覚が犯罪被害者に肩入れし、優しく同情的になった結果、被告に対して過去の量刑よりも厳しい判決が出やすいという傾向は、まさにハーモニー的だといえやしないだろうか。

子供や被災者や犯罪被害者は一点の瑕疵《かし》もない弱者なので、社会は全体として優しさの手を差し伸べるべきである。それは当たり前だ。しかし、当たり前なのだが、それが強い正義の価値を帯び、全体を強制する雰囲気が生じてきた時に、私たちは息苦しさや違和感を抱く。ところが一方で、子供や犯罪被害者などは優しさを差し伸べられるべき弱者なので、そうした息苦しさや違和感は口には出しにくい。そうした感情や本音をネット上でつい開陳したりすると、悪意に満ちたネット住人の裏の顔がブログをたちまち炎上させる。私たちは今、外の政治権力ではなくて、自分たちが日常的に使っているツールによって監視されており、その結果、意見や思考に自己規制が自然とくわえられ、表向きの優しさや気配りが絶対不可侵な価値として共有され、万遍なく行き渡っているのではないか。そうやって今、徐々にハーモニー的社会は実現していっているように思えてならないのだ。

以前、フェイスブックの創始者であるザッカーバーグ氏の評伝ノンフィクションを読んだことがあるのだが、フェイスブックを実名制にした理由について彼は、実名制にすることによって悪いことができなくなって正しい社会が実現するから、というようなことを言っていたと記憶している。そこに本音があるのかどうか知らないが、彼が言う正しい社会とは、まさに『ハーモニー』で描かれた社会であると思われる。何か非常に不気味だ。

私はハーモニー的社会に危惧を覚える。といってももちろん子供や被災者や犯罪被害者には優しい手を差し伸べるべきであると考えてはいる。と書かざるを得ないところが、これまたハーモニー的なのだが。

表現者の宿業

サマセット・モーム『月と六ペンス』を読む

探検に行く時はどんな本を持っていくんですか？　と訊かれることは少なくない。探検は多少なりとも命の危険をはらんでいるし、しかも私の場合は近年、北極圏という非常に過酷そうに思われがちな地域に通っている上、やれ衛星電話を持たないだとか、やれGPSは排除するだとか、エキセントリックだと思われてもしかたのない方法を採用しているだけに、そのような極限的な状況で一体どのような本を読むのだろうかと質問者が興味を抱くのも、たしかに分からないではない。

だが、それは私にとって答えるのが少し難しい質問だ。なぜなら探検の時の本選びに、人にいえるような大した基準など存在しないからである。身もフタもないことをいえば、本棚の中から読んでいない本を適当に選んでザックの中に詰めるというだけなのだ。ただ、普段だったら読むのが億劫な大作や、過去に挫折した古典や難解書を選ぶ傾向はたしかにあり、旅行先ではそういう読んでいて眠たくなるような本でもスラスラ読める。外国では日本語に飢えているし、昔は外で遊ぶカネもなかったから、読書ぐらいしかすることがなかった。例えば前回のカナダ北極圏の旅ではメルヴィルの『白鯨』を持っていって、本格的な橇《そり》旅行に出るまでの間、宿のベッドの上で毎日読んでいた。この米国文学史上にそびえ立つ古典は、困ったことに岩波文庫版で上下あわせて千ページ近くもある上、中身も私にはあまり面白いものとは思えず、自宅だったら最初の百ページで挫折していたに違いない種類の本だったが、それでも最後まで読み通せたのは旅先で時間が死ぬほど余っていたからだろう。

そういう読書強制的状況は探検でフィールドに出た時に最大限に達する。行動中は動くのに忙しいし疲労も蓄積するので、本を読む暇などないのではないかと思われるかもしれないが、案外そうでもない。山でも極地でも大雪やブリザードで一日中テントの中でじっとしていなければならない日というのはしばしばあって、そういう時は本を読むことぐらいしかやることがない。環境としては刑務所に収監された囚人のように集中して読めるので、本の選択基準は他では例を見ないほど緩くなり、もはや日本語が書かれていればほとんど何でもよくなってくる。

昔、ヒマラヤの山の中にこもって二十日近く一人で雪男を捜索したことがあった。雪男の捜索といっても山の中を歩き回って探すわけではなく、ベースキャンプでじっと双眼鏡をのぞき込み、ひたすら山の斜面に動く影が現れないか見守るだけだ。現れる可能性の低いものを待っているのだから、時間が経つのが耐えがたいほど遅く感じられる。もちろん雪男はいつ現れるか分からないのだから、活動の趣旨からすると食事の時以外は双眼鏡を常にのぞき監視活動をつづけなければならないわけだが、しかし人間、そこまで集中力が持続するものではない。集中力というか精神的に耐えられないのだ。だから気晴らしのために本を持っていくことになる。

この時持っていったのは、それまで読んだことのなかった大藪春彦の小説だった。どういうわけか当時、カトマンズの古本屋には大藪春彦の小説が山積みになっており、その中から『ヘッド・ハンター』という作品を私は選んだのだった。冒険小説なら一度読んだらストーリーが分かるので再読する心配があまりなく、雪男捜索に専念できるだろうと考えたからだったが、それは甘かった。

雪男捜索中に読む大藪春彦は麻薬みたいなものだ。監視に飽きたらほとんど無意識のうちに手を伸ばし、ごろんと焚き火の横に寝そべって、ついつい熟読してしまう。気づくと一時間ぐらい読み耽《ふけ》ってしまい、これではヒマラヤに来たのが雪男を探すためなのか大藪春彦の小説を読むためなのか分からないではないか、と何度も頭を抱え、あわてて双眼鏡で山の斜面を捜索して新しい足跡がないのを見てホッとする、といったことを私は、毎日のように繰り返した。再読の心配がないとの目論《もくろ》みで持っていった本だったにもかかわらず、現場で五回ぐらい読み返したはずだ。おかげであの時の私はやたらと猟銃の種類に詳しくなった。それ以来、大藪春彦は読んでいないし、二度と読むこともないだろう。私の中で大藪春彦は雪男の思い出とともにしまっておきたいのだ。

『白鯨』も大藪春彦も思い出深いが、探検中に読んだ本の中で一番心に残っているのがサマセット・モームの『月と六ペンス』である。この本は内容の面白さもさることながら、読んだ時の状況もまた忘れられないものだった。

この本を読んだのはチベットのツアンポー川大屈曲部を単独探検している時だった。ツアンポー川大屈曲部はヒマラヤ山脈の東にある七千メートル峰にはさまれた世界最大クラスの峡谷地帯で、最奥には百五十年前から名だたる探検家が挑んでも果たせなかった空白部が、私が学生生活を過ごしていた九〇年代後半になっても残っていた。大学探検部時代にこの峡谷のことを知った私は、世界最後ともいわれる空白地帯を自分の足で埋めてやろうとひそかに決意し、そして実際に二〇〇二年から〇三年にかけての冬と二〇〇九年末の冬に二度の単独探検を実行した。

この二度目の探検では一度目の失敗を踏まえ、食糧は一日三百から四百グラムに切りつめ、燃料もすべて焚き火を想定して、いっさい持っていかないなど、極端な装備の軽量化をはかったが、それにもかかわらず、いつもの悪い癖が出て、まあ文庫本一冊ぐらいは……と家にあった『月と六ペンス』をついザックの雨蓋にしのばせてしまったのである。

探検は思った通りに進まず、私は苦境に立たされた。最大で二十四日間の予定を見込んでいたが、二週間経ってもその半分も進むことができていなかった。来る日も来る日も険しい峡谷の藪の中を漕ぎつづけ、そのうち目の前に最大の難所である高さ千メートルの灰色の岩壁が姿を現した。この岩壁を越えれば、いよいよ空白部は近い。過去の探検記の記録から、岩壁の基部をたどって弱点を突けば、その上を越えられるはずだと私は考えていたが、しかし目の前の光景はそんな私の期待を裏切るのに十分なほど残酷なものだった。私が突破できると見込んでいた岩壁の弱点は、おそらく過去の大地震で崩壊してしまっていたのだ。

折悪しく、その日から雨が強く降り出した。濡れて黒々とそびえ立つ岩に、世界一ともいわれるツアンポーの激流がものすごい水飛沫《しぶき》をあげてぶつかり唸り狂っていた。もはやこの岩壁を越えられないのは明らかだった。凄惨な光景を前に、私はひとまず手前の樹林帯を登って、大回りしてその岩壁を越えることにした。寒波が入り込んできているらしく、雨はそのうちミゾレのような氷雨に変わり、使い古したゴアテックスの雨具ごしにジットリと浸みこんできた。氷雨は降りやまず、私の身体は芯まで冷え切り、足の感覚は完璧に失われ、少し立ち止まっただけでガタガタと震えが止まらなかった。寒さが耐えがたいものになってきた頃、しかし私は幸運にも雨を完全に避けられる岩室を発見した。しかも近くには焚き火に使えそうな大きな松の倒木もある。これぞ神のおぼしめしとばかりに、私はザックを放り投げ、焚き火を熾《おこ》してビバークの準備をはじめた。

『月と六ペンス』を読んだのは、この岩陰でビバークしていた最中だ。今考えると、ここでビバークした四日間は私の人生の中でも特別な日々だった。すでに最後の村を離れてから二週間以上が経っていた。いくつもの尾根や谷を越えてきて、もはや戻るという選択肢はあり得ない。一方、この岩室から先にも巨大な岩壁や険しい峡谷が立ちはだかっており、自分が人間界に戻れるのがいつのことになるのか、さっぱり想像がつかない。おまけに軽量化を進めていたせいで食糧は満足に残っておらず、岩室に滞在している間は極力消費を避けるため、私は三百キロカロリー程度のインスタントラーメンで一日をやり過ごすことにしていた……が、私の自制心は格別強いわけではないので、つい我慢できず時々、行動食用のお菓子をつまみ食いしてしまい、猛烈な罪の意識に苛《さいな》まれたりしていた。

冗談ではなくこの岩室にいた間は自分が生きて帰れるのか私は自信が持てなかった。寒波のせいで空気は肌を突き刺すほど冷たくなり、いつしか雨ではなく重たい雪が空から落ちていた。その重たい雪が木々の上にぼたぼたと塗りつけるように積もっていき、緑一色だった山々を暗い灰色の世界に置きかえていく。雪崩に遭わないだろうかという不安が否応なくかき立てられていった。外の世界の変わりように、昨日までの世界がはるか遠い昔に過ぎさってしまったことを痛感せざるを得なかった。もはや来た道のりを戻ることもできないし、だからといってこの先の村にたどり着けるのかも分からない。過去と未来が完全に分断されて、私は岩室の中で現在という牢獄に捕われた時の囚人と化していた。

そんな現実から逃避するかのように、私は焚き火の横で『月と六ペンス』を読みつづけた。

『月と六ペンス』はサマセット・モームが画家のポール・ゴーギャンの生涯に暗示を受けて書いた小説である。物語の主人公はゴーギャンをモデルにしたチャールズ・ストリクランドという画家で、そのストリクランドと知り合った若い小説家が、彼本人との会話や交流、また彼とかかわりのあった人たちと過ごした日々を通じて彼の生き様を描くという体裁になっている。語り手の小説家が会話文やシーンを取り入れながらストリクランドの人物像を造形していくという叙述の手法は、ノンフィクションの書き方と相通じるところもあり、職業的関心も手伝って私のページをめくる手は止まらなかった。といっても当時の私はライターを気取ってはいたものの、まだ一冊の本どころか、雑誌の記事さえまともに書いたことがなく、実際のところ職業が何かと問われると無職だと答えるしかない身分だった。生きて帰れるか分からない、ある意味危機的状況の中で、この本の書き方はノンフィクション的に参考になるなぁなどと感心しながら読んでいたのだから、あの時の自分はひどくノー天気であったと思う。

本の話に戻ると、ストリクランドはもともと株式仲買人をやっていた家庭人で、善良で親切ではあるが、話下手で、芸術に何の理解もなく面白みに欠けると評判の人物だった。

だがそれは世間をあざむく仮の姿で、実は裏ではこっそり画家として生きるべく算段を調えており、ある日突然妻子を捨て、財産もすべて投げ出して行方をくらましてしまう。パリのアパートの一室に身をひそめたストリクランドは病魔に侵されながらも画業に情念を燃やしつづけ、最後はタヒチにわたり、現地の若い女の世話を受けながら、ついには大作をものにして死亡する。

注目すべきはストリクランドが人間的には最低の男であるということだ。彼はモラルを蔑み、よき夫であること、よき親であること、そしてよき市民であることを放棄し、倫理的に生きることや普通の社会人として責任を果たしていく価値を傲然と否定した。人から受けた恩恵を平然と踏みにじり、エゴイズムをむき出しにして隠遁《いんとん》し、人間的なあたたかみや他人への優しい理解などは取るに足らないものであるときっぱりと全否定し、その上で開き直り、自分には絵を描くこと以外にこの世に顧みるべき価値など何もないのだと高らかに宣言してみせた。彼は画業にとりつかれていた。それはアスペルガー症候群が疑われてもしかたがないほどだった。語り手の小説家はそんなストリクランドの態度に戸惑い、驚きあきれ、明らかに正気を失っていると指弾するが、しかし退屈な上品さで着飾ることにしか興味がない上流階級に辟易していたこともあって、その生命力に惹かれていく。

何かを表現することには狂気が宿る。ひとつのことを徹底的に肯定するためには、他のすべてのことを切り捨てなければいけないのだ。モームが書きたかったのはそういうことだったと私は理解している。そして、もしかしたら私もまたあの時、ストリクランドの生き方を無意識のうちに自分に重ね合わせて読んでいたのかもしれない。というのも、結局のところ探検や冒険にも自己表現の側面がないとはいえないからだ。

例えば山に登る。クライマーがヒマラヤの氷壁に美しいラインを一本引くことは、彼にとってはストリクランドがタヒチで描き上げた奔放で奇怪きわまる大作と同じだけの価値がある。クライマーが山に命を賭けることができるのは、それが表現だから以外の何物でもない。その登頂ラインには彼がこれまでに獲得したもの、経験してきたもの、哲学、切り拓いてきた領域、つまり彼の全世界が詰め込まれている。登頂ラインを見れば彼という人間が何をしてきたのかが分かるのだ。それがたとえ登山をしない者にとってはまったく意味のないラインであっても、そんなことは彼には全然関係がない。表現の究極の部分は他人には分かりようがないものである。クライマーならクライミングより価値がある世界がこの世にあることを認めないだろう。クライマーにとっては村上春樹や宇多田ヒカルでさえ、さほどの人物とは思われない。なぜならば彼らは壁を登れないからだ。

表現することにはどうしても他者と相いれない部分が出てくる。作品を作ることの本質は他者と何かを共有することではなく、むしろ自己と他者を区別し、独自の世界を構築することにある。ストリクランドが妻のもとを離れてパリの屋根裏部屋で隠遁生活を送らなければならなかったのも、そのへんに原因があったのだろう。自分の世界を築くということは、他の価値観に背を向けるということであり、そうである以上、表現者にはどこかで社会から逸脱することを免れられないというところがあるのだ。その意味で表現者は所詮日陰者であり、健全という言葉からはほど遠いところに住んでいる。もしあなたが母親なら、そんなところからは子供を遠ざけておくのが正解な分野である。もちろん冒険家や登山家も表現者である以上、ストリクランド系の壊れた人間は決して少なくなく、登山や極地探検に比べたら経済的な成功や社会的な名誉や立身出世や、もっというと人並みの生活を営むことなど、はっきりいってつまらないことなので、彼らが集まるとどうしても自分がどれだけ仕事をしていないかを競う傾向がある。画家や作家と同じように冒険家や登山家にもまた社会不適合者を気取りたがるところがあり、できれば生活破綻者であることが望ましいと考えているフシがある。

ツアンポー峡谷を探検していた時、たしかに私はそれをすることで何かを表現しようとしていた。学生の時にツアンポー峡谷という存在を知り、その空白部に自分の足跡を残すと決めて以来、私にはそれをやらない人生など考えられなかった。どうせいつかはやらなければならないことだった。出発する前は死ぬ確率が三割ぐらいあると冷静に考えていたが、だからといってそれが私の行動を妨げる要因にはならなかった。たとえそれをやることによって好きな女から振られ、家族から勘当され、友人も離れ、全財産を失い（全然なかったけど）、路頭に迷うことになったとしても、ツアンポー峡谷を探検しない人生よりはマシだった。正式な許可なく中国の国内法を無視して潜入し、そのことによってルールを違反したとか、誰かに迷惑をかけたとか、個人のわがままに過ぎないだとかいって非難されたとしても、それはもっともな意見だと認めつつも、だから何だというのでしょうか、と答えるほかなかった。

仕事も妻子も捨て絵を描くためだけにパリに向かったストリクランドに対し、語り手の若い小説家が正論で詰めより、二人が問答になるシーンがある。

「もちろん、奇跡が起こって、あなたが偉大な画家になられることもありうるでしょうが、そういうことは、百万に一つだということは、否定できないことです。最後になって、一生を台なしにしたと認めなければならぬというのは、みじめなことです」

「ぼくは描かなけりゃならないんだ」と彼はくりかえした。

「どうしても三流画家でしかありえないとしても、すべてを投げすてる価値があると思うのですか。つまりですね、何かほかの分野でならば、あなたが大してうまくゆかなくても、あまり問題ではありません。ほどほどにやりさえすれば、それでうまく通ってゆきますよ。だが、芸術家となるとちがいます」

「きみは、見さげはてたばかだ」と彼はいった。

「明白なことをいうのは、ばかですか。ぼくにはわかりませんね」

「ぼくは、描かなけりゃならないんだ、といっているだろう。そうするよりほかないんだ。人が水の中へ落ちたら、どういう泳ぎ方をしようと、うまかろうが、まずかろうが、そんなことは問題でない。水から出なけりゃ、溺れてしまうだけだ」（阿部知二訳）

岩室で待機してから四日目に天気が回復したので、私は『月と六ペンス』を焚き火にくべて燃やし、完全に灰にしてその場をあとにした。それから雪の峠を越えて、凍りついた谷の中で恐ろしく寒いビバークをし、濃いジャングルをかきわけて人間の住む村を目指した。食糧はほとんどなくなり、衰弱して倒木を越えるのにも足を手で上げなければならないほどになった。岩室を出発して一週間後についに目の前に村が現れたが、その村と自分との間にはツアンポー川がごうごうと行く手を阻んでいた。自分は村にはたどり着けない。そう思った時、私は、自分は死ぬ可能性が高いという切々とした現実をまざまざと目の前に突きつけられた。

しかしそれでも私の頭には、なぜこんなところに来たのだろうか、なぜこんな無謀なことをやってしまったのか、という後悔だけは浮かばなかった。それはこの探検が、死ぬかもしれないとか、そんなことの向こうにある、どっちにしても手をつけなければならない、私の生きることそのものの表現だったからである。水に溺れたストリクランドが絵を描かなければならなかったのと同じように、たしかにあの時、私もまた生死の損得勘定を度外視してツアンポー峡谷を探検しなければならなかった。今振り返ると、それもまた表現というひとつの狂気のかたちであったと思う。

同一状況下における状況と状況のすれ違い

中島京子『小さいおうち』を読む

そういえば最近、雪崩で死にそうな目に遭っていない。

別に嘆いているわけではない。今や私も妻子のいる責任ある立場なのだから、危険なことはなるべく避けたほうがいいに決まっている。私が雪崩で死んだら家族は路頭に迷ってしまうのだ。もちろん私だって一応、死んだら死亡保障が一千万下りる生命保険に入ってはいる。しかし、実は面倒くさくて結婚後も生命保険は見直さずに放置したままなので、よく考えてみると私の保険金の受取人は私の母のままなのだ——これは本当に忘れていた。つまり私が死んでも現段階では妻と子供には保険金はいっさい入らず、路頭に迷うことになるわけだから、そのことを考えても最近雪崩に遭っていないことはまさに慶事、喜ばしいことであろう。

だがその一方、私は雪崩に遭っていない昨今の身の上を残念にも思っている。何といっても雪崩に遭っていないのは冬山に登っていないことの裏返しに他ならないからだ。冬山に登れば、どんな愚か者だって一度や二度は雪崩に遭うだろう。私は別にハードなウインター・クライマーでもエクストリームなバックカントリー・スキーヤーでもないが、それでもこれまで三回も雪崩に遭った。しかもそのすべてが身体が完全に埋没し、自力脱出は困難または不可能な状況となったが結果的に助かったという、非常に稀有な体験だった。ハード・クライマーでもエクストリーム・スキーヤーでもない私が三回も雪崩に流されたのは、ひとえに私が不注意だったからに他ならないのだが、それでも当時のほうが今より冬山に登っていたということは確実にいえる。近年は冬になると北極圏で旅することが多いので致し方ない面もあるとはいえ、しかしそれは言い訳に過ぎない。やはりこれは問題だ。私はもう少し冬山に登って雪崩に遭うような行動をつづけるべきなのだ。

　何しろ雪崩に遭ったところで、死ぬ可能性があることをのぞけば、失うものはほとんどない。三回雪崩に遭ってもケガをしたのは一回だけで、しかも内側側副靭帯《ないそくそくふくじんたい》損傷という全治二カ月程度の、雪崩が発生した瞬間のあの劇的さに比べたら、実に軽いケガだった。あまりに比較的軽症だったせいで、それが右足だったのか左足だったのか今ではよく覚えていないほどである。それに具体的な損失といえば内側側副靭帯損傷の治療費――この時は物々しい装具を購入させられたので合計二、三万円しただろうか――と、装具を装着したことで痩せ細った大腿筋とハムストリングぐらいで、むしろその体験を手を変え品を変えして何度か原稿にしたことを考えると、経済収支的には完全に黒である。極端な言い方をすると、雪崩で死にそうな目に遭ったおかげで私は家族を養うことができているとさえいえる。

お金や仕事の話ばかりではない。雪崩体験を繰り返すことで、私は世の中に対する多層的なものの見方ができるようになった。

それがどのようなことなのかを説明するために、二つの事例を具体的に紹介しよう。

まずは雪崩Aのケースだ。山域は北アルプス不帰I峰の某尾根、登山のパートナーは大学探検部時代の後輩のSである。前日雪が降っていたことと、尾根の取り付きまでに急《きゅう》峻《しゅん》な斜面を一カ所下らなくてはいけないので、出発してから私は雪崩の発生をかなり警戒していた。尾根に取り付いてからもしばらくは警戒を緩めずロープでお互いを確保しながら登っていたが、残念ながらその警戒心は途中で緩んでしまう。なぜならば天気がよくポカポカと暖かかったからである。それにくわえて、行動が予想以上に順調で、うまくいくとその日のうちに下山し、温泉に肩まで浸かって東京の自宅の布団でぬくぬくと眠れるかもしれないという淡い期待が膨らんだこともあった。前日の不安定な雪が残っている状況は変わらなかったにもかかわらず、私の中ではいつしかそれが大した問題ではないように思え、漫然と登山をつづけ、気がつくと危険地帯に足を踏み入れたことを見逃していたのである。

いや見逃していたのではなく、本当は気づいていた。危険地帯に入りこんだと分かっていたのに、ロープの支点を取るなどといった何らかの対策を取ることを私は怠ったのだ。

なぜかというと、天気がよくてポカポカと暖かかったからだ。そのせいで私も何だか平和な気分になり、運動会の日の朝に開催を知らせる花火が鳴った時のような、すべてがうまくいくんじゃないかと思わせるあの錯覚の中で山を登りつづけ、その結果、突如ドーンと大音響があたりに鳴り響くことになった。私はドラム式洗濯機に放りこまれたみたいに身体を転がされながら斜面を四百五十メートルほど流され、谷底まで叩き落とされ、気づいた時には右手以外は全身雪の下に埋没し、内側側副靭帯を損傷していた。

次に雪崩Bのケースだ。これはもっとバカバカしくて分かりやすいだろう。場所は立山連峰湯川谷。登山のパートナーは探検部の後輩Mである。この時は山スキーで長野県側の後立山《うしろたてやま》連峰を越えて黒部ダムを横断し、ザラ峠から湯川谷を富山県側に滑り降りるという計画だった。もともとこの登山は一泊二日の予定で、その計画の中には二日目の下山後に富山市内の旨い焼肉屋に駆けこみ、しこたまビールとカルビを腹に詰めこむということまでふくまれていた。計画自体は完璧だったが、誤算だったのは相棒の後輩Mが予想以上にスキーが下手だったことである。その結果、行動は最初から遅れがちになり、二日目の途中でその日のうちに下山できるかどうかが怪しくなってきた。もちろん生命保険に入るほどの男である私は、三日目の予備日を用意するぐらいの用心深さを当時から兼ね備えていた。つまり食糧と燃料は残っていたので、下山が怪しくなった時点で安全なところでキャンプするという選択肢は残されていたわけだ。というかそれが正解だったし、普通なら余程のことがない限りそうしたはずだ。しかしこの時の私には余程のことがあった。焼肉を食いたかったのである。焼肉が食いたくて、食いたくてしかたがなかった私は、どうあってもその日のうちに下山する決意を翻《ひるがえ》さないまま猛進し、遅れてくるMを怒鳴りつけながら湯川谷を下った。そのうち天気が悪くなり重たい雪がボタボタと降りはじめ、おまけに太陽が西に沈み、憂鬱な灰色の雲とともに夜の暗さがあたりを覆いはじめたが、そんなことは目の前に焼肉がぶら下がっている私の眼中には入らなかった。暗くなってからも私は谷を下りつづけ、その結果、気づいた時には周辺は暗くてほとんど見えなくなっており、自分がどこにいるのか分からないという状況に陥っていたのだ。事ここに至り、私はついにその日の焼肉を断念、近くの雪の斜面に穴を掘ってビバークすることにしたが、しかし自業自得というべきか、暗くなって周囲が見えなかったせいで、私はそこが雪崩の危険地帯だと気づかなかった。そして夜中、寝袋に入って安眠している最中、上部で湿雪表層雪崩が発生し、雪洞は崩壊。私は完全に生き埋めになり、何もすることができずに十分ほど死ぬのを待つという、ありがたい体験をすることになった。

おそらく誰もが感じることだろうが、両方のケースを読んで共通するのは、私がいかに阿呆だったかということである。刻々と変化する山の状況を完璧に読み間違え、誤った判断を下して雪崩に遭っているわけだから、どれだけ周りが見えていなかったのか自分でも唖然とするばかりだ。とりわけ雪崩Bの場合は深刻だ。焼肉を食べたいというどうでもいい欲望を優先しすぎたあまり、自分が次第に危険地帯に足を踏み入れているのをまったく認識していなかったのだ。

恐ろしいのは、決定的な一線を越えたのがいつだったのか、自分でもまったく分かっていなかったことである。もちろん後から振り返れば分かる。雪崩Aでは尾根の途中で明らかに雪が深くなり、雪崩の危険地帯に突入した境界線があった。だが天気がポカポカとよくて、何となく気分がよくなっていた私の頭は、そこが決定的な一線であるという判断を下すことができなかった。雪崩Bのケースだと暗くなって周囲が見えなくなった時が決定的な一線だったと思うが、目の前の焼肉を追いかけ回していた私にそんな冷静な分析は無理だった。

雪崩に遭って分かったことは、状況が危険な局面に突入しようとしているまさにその瞬間に、当人がその状況を的確に捉えることはできないということである。いい換えると決定的な一線を越えるその瞬間、本人は一線を越えたことを自覚できない。

状況には大きく分けて、自分の外の世界を構成する「大状況」と、自分自身の周辺世界や内的世界を構成する「小状況」の二種類がある。しかし通常の場合、多くの人は「小状況」にどっぷり浸かって「大状況」のことが見えていない。私の雪崩の場合だと、天気がよくて気持ちがいい（雪崩A）とか、腹が減りすぎて焼肉が食べたい（雪崩B）というのが私個人の「小状況」で、前日の雪で尾根の積雪内部に破断の原因となる弱層が形成されている可能性が高い（雪崩A）とか、低気圧が接近し温暖前線の影響で気温が上昇、湿った雪が降りはじめ、周りも暗くなって視界が悪くなってきたため、場所によっては湿雪表層雪崩が発生する危険がある（雪崩B）というのが登山全体を構成する「大状況」にあたる。そして多くの場合、「大状況」が危険水域に突入する時、「小状況」はそこまで切迫した事態にさしかかっていない。「大状況」のほうがマズい、マズいと大騒ぎする段階になっても、「小状況」のほうは平和でのんびりしているので、いやいや、まだそこまでマズい状況にはなってないでしょ、何とかなるでしょと、両者の間に認識のギャップが生じてしまうのだ。

中島京子さんの直木賞受賞作『小さいおうち』には、こうした状況と状況のすれ違う様が怖いほどリアルに描き出されている。当然だが、この作品は雪崩のことを書いたものではない。しかし私には、自分の雪崩体験とほぼ同じことを書いているように思えた。

『小さいおうち』は戦前、戦中にかけて平井家という比較的裕福な家庭に女中奉公した女性が、その当時の思い出を晩年になって回想するというかたちを取った小説だ。平井家は東京の玩具会社に勤める一家の主とその若い奥様、それに小さな息子の三人家族で、東京郊外の私鉄沿線にある赤い三角屋根の文化住宅に住んでいる。その家の平凡で慎ましやかで好ましい、平和な生活が若い女中の目を通じて語られていくのだが、もちろん平和な生活といっても一人一人にはそれぞれ秘め事や波乱があり、板倉という若い男が平井家に出入りするあたりから物語には少し不穏な空気が漂いはじめる。これは小説の中で明言されていないが、どうやら平井家の主には性的に不能か、あるいは恐ろしく淡泊なところがあり、そのこともあってかどうかよく分からないが、とにかく若い奥様はいつしかこの板倉に心を惹かれていくのだ。この小さな恋愛事件を軸に話は展開し、最後はこの語り手の女中が平井家に対して、より具体的にいうと若い奥様に対してどのような気持ちで接していたのかが明らかとなり、その心情が小説全体を貫いていた背骨になっていたことが分かってグッと胸に迫ってくる。

それはさておき、私がこの小説に感嘆したのは、戦中の東京の市民の暮らしぶりの描き方の、その見事さだった。主人公の元女中は当時の平井家と奥様の様子を、まるでキラキラと光る大事な玉手箱を愛でるように回想する。実は戦前に開催が決まっていた東京オリンピックのことを楽しみに語る家族団欒《だんらん》の夕食の様子や、戦勝に沸きブラスバンドが行進する銀座での買い物、玄関先で色とりどりの花が咲く家の二階の窓から顔を出した若奥様の優美な仕種《しぐさ》、そうしたひとつひとつのシーンの描き方があまりにも鮮やかで、読んでいるほうは、回想されている時代が暗雲たれこめているはずの戦前戦中期であることをうっかり忘れてしまうほどなのだ。

戦時下の生活の実状についてよく知らない現代の私たちは、その暮らしぶりを想像する時、どうしても白黒のニュース映画のような暗い画像を通して思い浮かべてしまう。それは、沖縄で民間人の多数が亡くなり、原子爆弾が落とされ、東京が焼け野原になって国自体がほとんど滅亡するかたちで敗戦を迎えた、あの戦争というものに対するその後の陰惨なイメージを通じて、それ以前の人々の暮らしをも想像してしまうからである。治安維持法が成立し、天皇機関説が排斥され、血盟団事件、五・一五事件、二・二六事件と血腥《ちなまぐさ》いテロ・クーデターが相次ぎ、日中戦争が泥沼化し、日本という国が破滅に向かっていく過程において、その中で生活していた人々が息苦しくないわけがないと、私たちは勝手に漠然とそう見なしている。戦争中なんだから人々は互いに顔を見るたびに嘆息し、子供はキュウリだけをかじって育ち、大人たちも憲兵におどおどしながら目にくまを作って暮らしているべきだ、というわけだ。

しかし、『小さいおうち』はその思いこみに基づいたわれわれの戦中像を見事にひっくり返している。ここに描かれた日常はモノクロではなく総天然色だ。全然息苦しくなさそうだし、逆に生き生きとしていて、明るい笑い声まで聞こえてきそうである。話題の中心はあくまでオリンピックであり、息子の受験のことであり、今晩の夕食や流行の髪型のことであり、戦局などという自分たちの生活と関係ない遠くの事柄についてはサラッと流してしまう。要するに当時の暮らしは根本的に現代の私たちと何も変わらない。皆、日々の生活や恋に忙しくて、平和で慈しむべき日々が今後もつづくことを毫《ごう》も疑っていないのだ。

この作品の素晴らしさは、戦争という暗い世相にあっても人々の日常は途切れることなくつづき、そこには必ず笑いや小さな幸せがあるという、新聞やテレビのニュースが決して報じない人間の逞しさを説得力のある描写で描き切ったところにある。そしてたぶん、実際にそうだったのだと思う。戦争の足音が近づいても、多くの家庭はここに描かれているのと同じような日々の幸せを享受していたのだろう。国際情勢や政治状況という「大状況」が一歩一歩暗い階段を下りていっても、仕事をして家族と食卓を囲み子供の世話をするという「小状況」はそこまでの切迫感を持たず、淡々とつづいていたことだろう。

しかし、違う言い方をするとそれは、そうした「小状況」の中で日々が過ごされていく限り、庶民がリアリティーを持って「大状況」を想像することはできないということの裏返しでもある。「大状況」がひそかに決定的一線を越えても、そのことによって「小状況」は揺らぎもせず、人々の平凡で幸せな日常はつづく。「大状況」が実は危険な一線を越えていたことに私たちが気づくのは、家族が戦線に送られたり、空襲によって家が破壊されたりといった、具体的な「小状況」の崩壊があった時なのだ。

この物語世界において、状況と状況は怖いほどすれ違っている。『小さいおうち』が私の雪崩体験と同じことを書いているというのは、そういう意味だ。私が何度も雪崩に遭って学んだことは、人間は状況を正しく理解する能力に欠けているということだ。自分の属する世界が危険水域に突入しても、私たちはそのことに気づいていない。日々の連続的な

「小状況」と、政治や経済、国際情勢などの「大状況」は私たちの認識のレベルにおいては基本的にずれている。そして考えておかなければならないことは、「大状況」を動かしている政府高官、政治家、経済人、役人などなどのベスト・アンド・ブライテストな人々も、自分たちの思惑や事情などといった「小状況」に取り囲まれながら「大状況」を動かしているという点だ。「小状況」を抱えた無数の人間の思惑が交錯しながら、「大状況」は動かされ、それが今後どう転んでいくのか、いや今どう転んでいるか、そのことさえ誰も正確に把握できない。

特に最近はきな臭い政治的動きが目立ってきている。今日、新聞で読んだニュースが実は後から考えると決定的な一線だったということは、十分にあり得る話だ。

読書日記1

『サバイバル！』

（2008・12・20）

服部文祥《ぶんしょう》『サバイバル！』（ちくま新書）を読んだ。前著『サバイバル登山家』では学生時代に知床半島で吹雪に閉じ込められる話から始まったが、今回はヨーロッパアルプスで登攀《とうはん》中に墜落して九死に一生を得る話から始まる。

雪男捜索に出発するだいぶ前に服部さんに会った時、「新書を書いてるけど、『サバイバル登山家』と同じ本になっちゃいそうだよ」と言っていた。前回とは違うエピソードをそろえたが、たしかに内容は前著を少し削ぎ落としたという印象。でも相変わらず言葉づかいが巧みなので一気に読むことができる。

服部さんのやってることって、基本的に釣りや鉄砲を交えた山登りなので、こういうことをやっている釣り師や沢屋なら俺の周りにもいるよって思う人も多いと思う。でも、面白いのは行動の背後にある確固たる思想を、分かりやすい言葉でストレートに表現している点だ。ここまで考えて、というか、何かを感じて山を登っている人っていない。僕ものんべんだらりと登ってるし。ただ、登山をやってない人は、文章の思い入れが強い分、

『サバイバル登山家』のほうが面白く読めるのではないだろうか。

ところで、僕は新聞記者の時代、服部さんのサバイバル登山を夕刊社会面で取り上げたことがあった。販売促進に大変寄与させていただいたのだが、その時、取材名目で一緒に越後の沢でプチサバイバル登山をしてきた。

僕の車で出かけたので、当時住んでいた埼玉県熊谷市の駅で待ち合わせしたんだけど、服部さん、あの時、獣くさかったなあ。山の中に入って20メートルくらい離れてて、姿が見えなくてもどこにいるか臭いで分かった。

しかし、その後、町で会っても臭わない。なぜだろう? 曜日によって臭いが変わるのだろうか?

うーん、サバイバル登山は奥が深い!

『ロング・グッドバイ』(2009・5・9)

最近、書店には村上春樹訳のレイモンド・チャンドラー『さよなら、愛しい人』が平積みになっている。それを見て、何年か前に発行された『ロング・グッドバイ』をまだ読んでいないことを思い出した。

チャンドラーは学生の頃大好きで、清水俊二訳のハヤカワ文庫版は全部(だったかな?)読んでいた。村上訳の『ロング・グッドバイ』は、初版で買ったはいいものの、やたら分厚くそのまま読まずに放置していたのだ。

改めて読んでみるとめちゃくちゃ面白い。原稿用紙で軽く1000枚は超えそうなボリュームだが一気に読み終えた。そのまま『さよなら、愛しい人』も購入したが、『ロング・グッドバイ』のほうが断然いい。情景描写や話の筋とはまったく関係のないうんちくも、チャンドラー独特の突き放したような言い回しが魅力的で飽きない。あとがきによると、清水訳の『長いお別れ』はかなり細部を省いているらしい。

いやー、読んでよかった。ひま人でよかった。

そういえば、昔『長いお別れ』を読んでフィリップ・マーロウに憧れた僕は、就職してお金に余裕ができて初めてバーに行った時、満を持してギムレットを頼んだ。初めてのバーではギムレットを飲むと決めていたのだ（チャンドラー風）。でも、ジンの苦味が強烈で気持ち悪くなり、悪酔いしてバーのトイレで吐いてしまった。それ以来、二度とギムレットだけは飲むまいと決めている。

チャンドラーの話でも書いとけば、下品だというブログの印象を薄くできるかと思ったが、最後はまた下品な話になってしまった。おかしいな。

（2009・5・15）

『コロンブスそっくりそのまま航海記』

マラリアの薬を買いに行った時に立ち寄った八重洲ブックセンターで、ロバート・F・マークス『コロンブスそっくりそのまま航海記』（朝日新聞出版）を見つけ、購入。

著者が1962年に、コロンブスの当時の航海をそのまま再現して大西洋を横断した時の冒険の物語である。コロンブスが乗っていた当時の船や航路を再現（実際のコロンブスの船よりかなり小ぶりだったようだが）しようとしたのは当たり前だが、笑えるのは船内に持ち込んだ細かい装備や食料まで当時のものにこだわったことだ。

《この（筆者注・食料）リストで一番困った品物はビスケットだった。コロンブス時代のビスケットは、いったいどのようなものだったのか？》

フランス人ミシェルが乗員になりたいと希望してきた時には、

《ミシェルにもひとつだけ難点があった。国籍である。（中略）そもそもわたしがアメリカ人であることがすでに話題になっていた。（中略）乗組員は全員スペイン人でなければならないのだ》

もちろん、そこまで厳密なこだわりは航海中に次第になし崩しになり、最後は様子を見にきた米軍機から水や食糧の配給を時々受けて、何とかスペインからアメリカまで到達した。しかし、面白いのは間違いない。装丁もかっこいいので、本は本棚に飾っておくだけという人にもおすすめだ。

コロンブス関係ならギャビン・メンジーズ『1421』（ヴィレッジブックス）も面白い。アメリカ大陸を発見したのは実はコロンブスではなく、中国・明の鄭和艦隊が先に到達していたことを、英国海軍の艦長だった著者が豊富な航海の経験と様々な史料から実証したノンフィクションである。

ところで今日、朝起きて、いつものようにコーヒーを飲もうと思ったら、間違って焼酎をコップについでいた。うーん、習慣というのは恐ろしい。何だか生活と自分の内面が徐々に崩れてきているようでぞっとした。

『マン・オン・ワイヤー』

（2009・10・12）

だいぶ前から見たくて見たくてたまらない映画があった。2008年度アカデミー賞（長編ドキュメンタリー賞）を受賞した「マン・オン・ワイヤー」という映画である。以前、愛聴していたTBSラジオ・ストリームで町山智浩が絶賛していた。フランスの「綱渡士」（!?）が当時完成したばかりのワールド・トレード・センターで、厳しい警備の目をかいくぐってワイヤーを仕掛け、綱渡りを敢行するというコアな冒険ドキュメンタリーである。

何十メートル、何トンもある鋼鉄ワイヤーを一体どうやって仕掛けたのか知りたくて知りたくてたまらず、8月にインドから帰国したらすぐにネットで上映スケジュールをチェックした。でも惜しいことにタッチの差で都内近郊での上映は終了していた。

しかし最近、そういえばそろそろDVDになったかなと思いアマゾンで調べると、綱渡士本人であるフィリップ・プティが書いた本の日本語版が出版されているのを発見！ その場で購入した。

本の帯には「史上最も美しい犯罪」との文句が躍るが、それも納得。綱渡り自体のすごさもさることながら、それを実行するために行った事前の偵察活動が圧巻だ。ビルの屋上のどこにどうやって、どの道具を使って鋼鉄ワイヤーを張るかを調べるため、設計図の入手はもちろんのこと、建築誌のジャーナリストを装い広報担当者に屋上でインタビューしたり、ビルの内部に協力者を作ったりとまさにスパイ顔負けの情報活動を展開している。実際、綱渡りが成功した後はビルの管理責任者に乞われて、警備のどこに穴があるのか講義したというから笑える。うーん、早く映画も見たい。

『信仰が人を殺すとき』（2009・10・24）

ジョン・クラカワーといえば、エベレストの大量遭難を描いた『空へ』や、アラスカの原野を一人彷徨《さまよ》い死んだクリス・マッカンドレスの評伝『荒野へ』などで有名なノンフィクション作家で、僕も大好きなのですが、この作品は読んだことがありませんでした。というかこんな作品が出ていることさえ知らず、アマゾンでたまたま見つけ、速攻で購入しました。

宗教については何の知識もないし、それほど関心もありませんでしたが、そんな僕でもなんて面白いんだ！　と思いながら一気に読むことができました。その理由はこの本の主題がモルモン原理主義の思いもよらない過激な側面についてスポットを当てていることにももちろんありますが、クラカワーの描写力が優れていることに最大の要因があります。膨大な資料を読みこなしインタビューで本音を聞き出す取材力、揺るがない見解、彼独特の皮肉が適度に利いた、飽きのこないスリリングな文章は、ほとんどノンフィクション作家として完璧のように思えます。とりわけ章の末尾にくる文章やシーンの展開は読者の関心が途切れないようによく練られていて、良質なミステリー小説を読んでいるかのようです。

ただ400ページを超える大冊で、文字も

小さい。『空へ』『荒野へ』以外にクラカワーには『エヴェレストより高い山』というエッセイ集が文庫本で出ていますので、目がよくない人や忙しい人、お金のあまりない人にはそちらをおすすめします。『信仰』とは全然関係ありませんが、クラカワー自身、実は若い時は先鋭的な登山家で、その彼が一般には馴染みの薄いクライマーたちの奇特な世界をユーモアたっぷりに描いています。とても面白く読める、クラカワーの隠れた最高傑作かもしれません。

『倒壊する巨塔』

（2010・1・15）

ローレンス・ライトの『倒壊する巨塔』（白水社）を読んだ。チベットに出発する前に、アマゾンから「おすすめの本があります」と言われて、すぐに買った本だ。上下巻で800ページくらいあるので、帰国してから読もうと思って楽しみにしていた。

ビン・ラディンやアイマン・ザワヒリ、FBI捜査官ジョン・オニールの人生を丹念に追って、9・11がなぜ、どのような過程を経て起きたのかを提示している。細かいエピソードやシーンをつなぎ合わせることで、テロリストたちの人間像をあぶり出しているところが素晴らしい。あれほど冷酷な犯罪をしでかしたテロリストも結局一人の人間で、何かのふとしたきっかけで、ひょっとしたら僕らもああした人たちになってしまうのかもしれないという「地続き感」を思わず抱かせられる。

著者のローレンス・ライトはニューヨーカ

ー誌のライター。確か取材に5年（3年かも）かけたとか書いてあった。それだけの金と時間をかけても、ちゃんと売れて読まれるということなのだろう。アメリカのノンフィクション界の層の分厚さには感嘆するしかない。

最近、デイヴィッド・ハルバースタムの傑作『ベスト&ブライテスト』が復刊されたので、こちらも購入。待ち遠しい。

『狩猟サバイバル』

（2010・1・18）

ツアンポー探検の記事の打ち合わせで先日、「岳人《がくじん》」の編集部を訪れ、服部文祥さんと会った。服部さんといえば最近、新著の『狩猟サバイバル』をみすず書房から出した。服部さんが10年ほど前からライフワークとしているサバイバル登山に、狩猟という新たな方法を持ち込んだノンフィクションだ。

服部さんからは「深い人間になりたい」ということをよく聞く。読んでみて最初の『サバイバル登山家』の時よりも、その深さが何となく伝わってくるような気がした。

考えてみると、サバイバル登山は所詮、登山というレジャーやスポーツといった余暇の一形態でしかない。それをしなくても生きていけるし、それで金を稼いでいるわけでもない。会社の休みを利用して行っている趣味に過ぎないといえなくもない。いくらハードな自給自足的な方法で登山を行っても、シカを殺して楽しんでいるだけでは、それほど深い行為とはいえない。

彼のサバイバル登山に引きつけられるのは、

僕らが普段生活していて見落としがちな社会の偽善性やきれいごとに強い疑問の目が向けられているからだ。本の中でそうした前提やきれいごととは、スーパーでパックされ、殺害・解体といった汚い過程を覆い隠された豚肉や、服部さんが駅でシカの生首を持ち歩いているのに気づき、目をむく電車の乗客などに象徴されている。社会が成立するそうした前提が実はちょっと違うのではないかと疑問を投げかけ、それが登山というかたちに昇華させられている。そのメッセージ性に僕らは深さを感じ、登山をしない人にも共感を与える。

そしてそのメッセージ性は、岩魚を殺して山を登っていたこれまでより、大型哺乳類であるシカを殺して山を登った今回の本のほうが、より鋭角的に読者に伝わってくる。それは岩魚よりもシカを食糧として登るほうが、殺害・解体という社会が覆い隠してきた汚いナマの過程をむき出しにしているからだ。

気になるのは、サバイバル登山の次の展開だ。魚から大型哺乳類に方法は進化し、思想性もより鮮明になってきた。次はどのように展開させて本にするのだろうか。もちろんプロのライター、編集者なので、サバイバル登山自体が完全に行為として純粋なわけではなく、おそらく書くことがどこかで意識されているはずだ。だから次にどのようなことが書けるかということを考えながら、サバイバル登山も行われている。本を書くために何らかのさらなる展開、もしくは深化がもたらされると僕は思っている。

うーん、何だろう。ライチョウでも食べますか？　ライチョウ食べたら極めて挑戦的な文明論になりそうだなあ。人間はやめてください。

『ザ・ロード』

（2010・3・22）

コーマック・マッカーシーの『ザ・ロード』を最近読んだ。コーマック・マッカーシーの本は以前、映画「ノー・カントリー」がアカデミー賞を受賞した時に、原作の『血と暴力の国』を読んで以来だったが、『ザ・ロード』の読後感はそれをはるかに上回った。

核戦争だか、大地震だか、巨大隕石の衝突だか知らないが、何かが原因で地球上の文明が消滅した後の荒野の世界を、父と子が逞しく生き抜く姿を描いている。漫画『北斗の拳』の舞台のような世界を想像してもらえると分かりやすい。生き残った人間どもはみんな牙一族みたいな野盗の集団と化していて、父と子はその野盗どもの目を逃れて生きのびるため南を目指す。

著者が文学的に何を描こうとしているのか、門外漢の私が語るのはやめておこう。しかし感じたのは、絶対荒野の中に存在する生の力強さだ。ヴァーチャルな世界に呑み込まれ、薄っぺらな知識や情報だけが蔓延《はびこ》るこの世の中で、生きていることが確かであると認識するには、このような荒野に身を置くしかないとマッカーシーは言っているかのようである。

こういう世界をノンフィクションの世界で描くことはできないだろうか、とついつい考えてしまった。砂漠でも密林でもいいけど、無だけが支配する荒野で生き抜くオレと息子……。あ、しまった。これを実現するには、荒野を目指す前に、誰かと結婚して子供を作らんといけんのか！

無理だな。

『戦場の掟』

（2010・4・2）

鹿島へ向から電車の中、2008年度のピューリッツァー賞を受賞したスティーヴ・ファイナル『戦場の掟』を読んだ。イラク戦争については、新聞やテレビのニュースを通した表面的な事実しか知らなかったが、この本を読むことでこの戦争が持つもうひとつの側面、ひいては現代のアメリカの戦争に対する驚くべきスタンスが如実に浮かび上がってくる。

イラク戦争では、アメリカの傭兵警備会社が政府の受注先として戦争のかなり実質的な部分を担っている。彼らは一般の兵士と違い、イラクの法律で裁くことができないため、イラクの民間人を虐殺しても、危険に対する適切な処置だったとして曖昧に闇の中に葬られる。彼らはかなり気軽に民間人を殺害してきたというが、そのようなあらゆる犯罪が表面化してこないというのだ。こうした驚愕《きょうがく》の事実を、ジョン・コーテという、著者がたまたま取材中に知り合い、後に拉致されることになる魅力的な若い傭兵の人間像を交叉させつつ、物語を進めていく。社会悪としてのアメリカを告発するだけではなく、生身の人間の物語にしているからこそ、読者にページをめくらせる駆動力がある。エピローグでは思わず目頭が熱くなった。

すごいなと思うのは、この危険な取材を何年もかけて行ったのが、アメリカで最も権威のある新聞のひとつ、ワシントン・ポストの記者だということだ。社員が死んで責任を追及されることを恐れ、危険な取材はすべてフリーランスにまかせる日本のマスコミとはえらい違いだ。報道すべき事実がそこにあるなら、リスクを背負ってでも取材する。そうしたアメリカのジャーナリズム精神の底力を見せつけられた思いである。

（2010・4・25）

『告白』

朝日新聞が選んだ「ゼロ年代の50冊」の3位にも入っていた町田康『告白』。

すごい本だ。文庫で800ページを超える分量だが、見たことのない独特の文体で一気に読ませる。そして最後は洪水のような読後感。ラストの主人公の言葉は、重すぎる。

30分ぐらい読後感がひかず、頭の中がぼんやりとして、それが離れないので、しょうがなく、iPodをがんがんかけながら、10キロほどランニングせざるを得なかった。おかげで運動不足も解消され、一石二鳥ではあった。

こういう圧倒的な作品を読まされると、自分が書いている文章があまりにも陳腐なような気がして、自己の存在意義を見失ってしまう。文章を書いている人は読んではいけない本である。

いいなあ。天才って。

（2010・6・5）

『北極潜航』

現在、雑誌に極地関係の記事を書くため、過去の探検記に再び目を通したり、新たに読んだりしている（実にのんびりとした生活である。こんなことをやっていていいのだろうか)。ナンセンやアムンセン、シャクルトンの偉業は言うにおよばずであるが、今回、新たに読んだ本の中で面白かったのが、文藝春秋『現代の冒険5　白い大陸に賭ける人々』におさめられているW・アンダーソンの『北極潜航』。

1958年に米海軍原子力潜水艦ノーチラス号で北極海の氷の下に潜り込み、人類史上初めて、船で北極点に到達した時の艦長の記録である。時代は冷戦真っ只中、航海はもちろんソ連側の目を盗んだ極秘任務だった。6月に一度、太平洋からベーリング海峡を越えてチュクチ海に入るが、巨大な氷山に行く手を阻まれ失敗。7月に再挑戦し、ハワイから北極点を経由し、イギリスに抜けた。

冷戦という難しい時代に任務を帯びた軍人による記録とは思えないほど、文章は全体を通してユーモアに満ちている。横顔がジャン・レノに似たこの潜水艦長は諧謔《かいぎゃく》精神にあふれていたらしく、読者を楽しませてやろうという姿勢が徹底している。

「北極を通過するときといっても、べつに鐘が鳴るわけでもなければ、なにかドスンというような音がするわけでもない。諸計器がどれだけ近くにきたかを知らせてくれるだけである」「北極に船が到達したのは有史以来はじめてのことであり、しかも、こんな多数の人間——百十六人——が一時に北極にあつまったのも史上初のできごとだ」

他にも、いささかふざけているとしか思えない文章が散見され、北極探検の記録とは思えない余裕を感じさせる。たぶん、肉体的な疲労や死の恐怖といった悲壮感がつきまとう人力による到達の記録とは違い、「艦内を温度摂氏二二度、湿度五〇パーセントという理想的な状態」に保ち、「乗組員たちは、数日間もこうした環境におかれていると、船に乗る身であることも忘れてしまう」くらい快適な船内環境下で達成された探検だったことが、ユーモアに貫かれたこの記録を可能にしたのだろう。原稿を書きながら、あ、面白い表現を思いついた、とほくそ笑んでいる彼の顔が容易に想像できる。

『現代の冒険』シリーズは基本的に抄訳だと思われ、作品としては短い。1959年に光文社から単行本が出ているようなので、気が向いたら買おう。

『哲学者とオオカミ』

（2010・6・16）

朝日新聞の書評で石川直樹が書いていた、マーク・ローランズ『哲学者とオオカミ』（白水社）を読んだ。ペットとして購入したオスのオオカミのブレニンとの生活を軸に、最終的には人間が生きる意味はどこにあるのかを哲学的に考察した本である。

別にオオカミとの生活ぶりを紹介したわけではなく、ブレニンの行動を通じて気づいたことや知見を、非常に分かりやすい言葉と例で展開している。彼がそれまで構築してきた哲学が、1匹のオオカミの存在によって覆されていくダイナミズムが面白い。時間という概念との絡みで語られる人間の「生」の意味は、ブレニン＝野生の存在なくしては発見できなかった。彼が最後に到達した生きることの意味は、個人的には、なるほどそうだよなと、非常に納得させられ、ラインマーカーをいっぱい引いてしまった。

彼がブレニンと生活していた10年間は独身で、付き合う女性を性のはけ口としか認識しておらず（自分でそう言っている）、人嫌いだと公言し、傲慢で、孤立した環境で著作に専念する、要するに社会性がやや欠如した人間だったらしい。その間、彼はオオカミを見ながら生きることについていろいろ考え、ある結論に達したわけだが、しかし最後に、さらなる展開が、ささやかだが待っている。

うーん、そうか。結局そうなのか。いやあ、そりゃそうだ。

気になる人は読みましょう。いい本です。

『完全なる敗北』

（2010・6・22）

極地関連の資料を探していた時、ヒュウ・イームズ『完全なる敗北』（文化放送）という本を日本の古本屋のサイトで見つけ、何の本かよく分からず購入した。読んでみると、この本、1908年に北極点に初到達したと主張し、認められず、ペテン師として社会から葬り去られたアメリカの探検家フレデリック・クックの伝記だった。

北極点の探検史を簡単に説明すると、一応、アメリカの探検家ロバート・ピアリーが1909年4月6日に初到達したとされている。しかしピアリーが帰国する途中、同じく北極点を目指していたクックがピアリーの1年前に到達したと発表したことから、どちらが先だったのか大論争に発展した。ピアリー北極クラブというエスタブリッシュメントからなる後援組織を持ち、ナショナルジオグラフィック、ニューヨークタイムズというマスコミも押さえていたピアリーに対し、クックはほとんど個人による裸一貫の探検だった。結局、クックはピアリー陣営から記録は偽造であるとする攻撃を受け、論争に敗北。1906年のマッキンリー初登頂も虚偽だとされ、その後は石油会社を経営したが、ありもしない情報で金を集めたと刑務所にぶち込まれ、不運な人生を歩んだ。

クックの北極点への旅は、北グリーンランドからカナダ極北部のアクセルハイベルグ島を経由し、二人のイヌイットとともに北極海を犬橇でのぼるという、約7000キロにもおよぶ壮大なものだった。その間、村はひとつもない。彼の観測記録はいろいろな事情で失われてしまったこともありこの記録は認められなかった。

クックが本当に極点まで行ったのかは永遠に不明だが、かなり近づいていたことはあり得ると個人的には思う。実はピアリーの極点到達も達成当初から怪しいと思われていたが、彼は持ち前の政治力と押しの強さで初到達の栄誉を勝ち取った。しかし近年になっても、ピアリーの北極点到達はなかったとする論調はアメリカで依然強く、とりわけワシントン・ポストは彼の記録に疑問を投げかける記事をしつこく掲載している。

要するにクックもピアリーも、極点到達に関しては同じレベルの根拠しか持ち合わせていなかったということだ。クックはペテン師という烙印を押されてしまったため、歴史的にも評価されていないが、探検家としての実力は超一流だったという。そのことは、クックと一緒に南極を探検したことのある大探検家のアムンセンが『ユア号航海記』の中で、彼の実力を持ち上げていることからも分かる。『完全なる敗北』によると、アムンセンは晩年、刑務所に収監されたクックと面会し、その後の記者会見で「クックは天才であり、アメリカ市民の尊敬に価すると言う。（中略）クックは北極点を発見しなかったかも知れないが、それはピアリ中佐にしても同じことであり、クックの主張にはピアリのそれと変らない説得力がある」と述べたという。

ピアリーとクックの北極点初到達論争は、非常に面白い物語を今に至るまで提供している。アメリカでは多くの本が出版されているが、日本ではこの『完全なる敗北』という本しか翻訳されていないようだ（もちろん、今は絶版。読みたい人は古本で）。面白い本ではあるのだが、著者がクックに肩入れしすぎていて、やや客観性に欠けている。資料の出典がないことも、本の信用性を低めている一因だ。近年、アメリカで相次いで出版されているピアリー対クック関連本を、どこかの出版社が翻訳してくれないだろうか。

『父さんのからだを返して』など

（2010・7・22）

屏風岩の後、取材で富山、京都、大阪を回り、探検部後輩Sのクルマに便乗して小川山に行き、今週月曜に東京に帰ってきたのだが、みなさんご存じの通り、脳みその3分の1が溶けるほど暑い。ものを書いたり、資料を読んだりなどして、これ以上脳内の血液循環を高め、熱交換作用を促進し、ヒートさせると、本気で熱中症の危険があるので、ここ数日はやむを得ず、人間としての社会的機能を停止させて部屋で寝そべっている。

その間、最近、やたら売れているというマイケル・サンデル『これからの「正義」の話をしよう』が部屋の未読本置き場に重なっていたので、読む。以前、NHK教育テレビの「ハーバード白熱教室」をたまたま見て、面白かったので本も買ったのだが、買ったことを忘れていた。この本に関しては、各新聞書評、あるいはアマゾンレビューなどで盛んに取り上げられているので、そちらを参考にするといいでしょう。個人的には、私はこれまで自分の道徳的立場を穏健なリバタリアンだと考えていたが、何だコミュニタリアンだったのか、と認識を一変させられた。道徳や政治哲学について、普段大して何も考えていないので、目を開かされたということである。

その他にもう1冊、ケン・ハーパー『父さんのからだを返して』を再読した。北極探検史の裏話的な秘話についての本であり、北極点に初到達したことになっているアメリカの探検家ロバート・ピアリーが1897年に北極から連れて帰ってきたイヌイットの少年ミニックの悲劇的な人生を綴っている。ミニックの父キスクはアメリカに連れてこられた後、間もなく死亡。ニューヨーク自然史博物館の関係者はミニックの前で父の遺体を埋葬したように見せかけたが、実はそれは偽装で、父の遺体は博物館に標本として保存されていた。それを知ったミニックは遺体を返してほしいと何度も懇願するが、その願いは聞き入れられなかった。

当時の探検家の非人道的な振る舞いに怒りで肩を震わせ、ミニックの物悲しく、過酷な人生に涙する、というのがこの本の正統的な読み方であるが、それはさておき、北極探検史に興味を奪われている私としては、1909年に起きたピアリーとクックの北極点初到達論争について述べたミニックの意見が興味深い。当時、ミニックはアメリカから故郷であるグリーンランドに戻っており、ピアリーとクックについての北極のイヌイットたちの評判を、次のように手紙に残しているという。

……ここの人びとは誰も、ピアリーが一行と別れたあとそれほど遠くまで行ったとは信じていません。ここでは、ピアリーの名前はその残酷さのために憎まれています。クックは北極点を目指してすばらしい旅をしましたが、ここでは証拠になるようなものは何も見つけられませんでした。クックは誰よりも近くまで行ったのでしょうが、北極点はまだ発見されていないのだと思います。クックは人びとに愛されています。エスキモーはみなクックのことをほめていて、クックがピアリーに勝って栄光を手にすることを望んでいます……

もちろんミニックはピアリーにより人生をめちゃくちゃにされた被害者なので、加害者であるピアリーを憎むのは当然である。しかしだとしても、ピアリーはどんな本にも、傲慢で独善的な人物として描かれているのはなぜだろう。ピアリーというのは実に心が広く、イヌイットたちの心を摑んだ素晴らしい探検家である、と書いているのはピアリー本人の著書だけだ。北極を自分の領地だと考え、イヌイットを所有物だと見なし、北極に近づく他の探検家に嚙みつかんばかりだったという彼のマナーの悪さは際立っていたようだ。それに比べて、論争に敗れ歴史的にペテン師との烙印を押されたものの、クックという人物はあまり悪く書かれることがない（今まで読んだ本では）。

前にも書いたが、この論争は今に至るまで真相は分かっておらず、実に興味深い。19世紀に129人全員が死亡したジョン・フランクリンの北西航路探検隊と同じくらい興味深い。興味深い、興味深い、いやー興味深い、とそんな思いが高じてしまい、ついつい、Robert.M.Bryce『COOK&PEARY』なる本をアマゾンドットコムで購入し、はるばるアメリカから船便で送ってもらった。

だが、届いたのはいいものの、なんと総ページ数1133、厚さ65ミリという、実に雄大な英書であった。本というより、広辞苑に近い。

こんなもんは、読めない……。もはや北極に行くしかないな。

『ロスト・シティZ』

（2010・8・8）

「探検史上、最大の謎を追え」という扇情的な副題がついた、デイヴィッド・グラン『ロスト・シティZ』を読む。アマゾンに消えた探検家パーシー・ハリソン・フォーセットの足跡と、彼が追い求めた伝説の古代都市「Z」についてまとめたノンフィクション。

資料をもとに過去の探検家のドラマと、自分で現地を探検したルポルタージュをリンクさせながら物語を進行させるという手法が、完璧に私のやり方とかぶっている。ニューヨーカー誌の才能豊かなライターが書くとこうなるのか、と非常に参考になった。

こういう本の向こうを張って、さらに上を行くには、自分が死ぬような目に遭わなくてはならないということなのだろう。まったく困ったものである。

『ブラック・ダリアの真実』（2010・8・18）

久しぶりに事件もののノンフィクションが読みたくなり、スティーヴ・ホデル『ブラック・ダリアの真実』を読んだ。いやはや、とんでもない本だった。

ブラック・ダリア事件は1947年にロサンゼルスで起こった有名な殺人事件。若くて美しい女性が腰から上下に切断されていたという事件の猟奇的な性格と、女性につけられたブラック・ダリアというネーミングの幻想的なイメージにより、米国でも最も有名な未解決事件となり、多くの作家やジャーナリストがあまたの作品を発表してきた。

この本は、LAの元刑事である著者がついに真相を解明した、といううたい文句だったので、読む前はてっきり、事件を担当した元刑事が自分が現役時代にこつこつと集めた証拠をもとに真犯人を類推する、という内容だと思っていたのだが、全然違った。

著者が突きとめた事件の真犯人が誰かは、かなり前半の部分で分かる。だが、まったく考えられない出来事や証拠が明かされ、そんな、まさか、まさか……、とページをめくる手が止まらない。夜中に読んでいたのだが、次々と突きつけられる事実の恐ろしさに、思わず背筋がゾッとした。トイレに行くのが少し怖くなり、小便をしながら思わず後ろを振り返った。

暑い夏の夜には、オススメの1冊。

『神話の力』

（2010・8・26）

ジョーゼフ・キャンベルの『神話の力』（ビル・モイヤーズとの対談）を読んだ。非常に中身の濃い内容に圧倒された。書いてあることは、死によって与えられる生の意味、またそれによって秩序だてられた社会の原動力、真理といったものは、神話を読むことによって読み解くことができるということ、かな。

小説と評論とジャンルは違うが、最近、傾倒していたコーマック・マッカーシーの世界観と近いような気がする。やっぱりマッカーシーが一連の作品で描いていたのは、極めて神話的な世界であったということが分かった。アメリカ先住民の話が頻出することも共通している。

冒頭のモイヤーズの序文に紹介された極北カナダのイヌイットの言葉に、とりあえず一発頬をぶたれた気がした。

「唯一の正しい知恵は人類から遠く離れたところ、はるか遠くの大いなる孤独のなかに住んでおり、人は苦しみを通じてのみそこに到達することができる。貧困と苦しみだけが、他者には隠されているすべてのものを開いて、人の心に見せてくれるのだ」

私がツアンポー峡谷の無人地帯でうっすらと感じたことは、イヌイットの偉いシャーマンと同じだったらしい。さらにいえば、キャンベルは昔の民話や本を読みまくることで、同じような境地に達したという。

キャンベルは、本を読みまくらなかったら生きている意味など分からないと何度も言っているが、その通りかも。まったく、山の中で死にそうな目に遭うくらいなら、神話を読んだほうがよっぽどマシである。

『俺俺』

（２０１０・９・５）

星野智幸『俺俺』を読んだ。以前、朝日新聞で中島岳志が絶賛、知り合いからも薦められ、気になっていた本だ。出だしの数ページを読んで、面白そうなので購入した。

タイトルの通り、オレオレ詐欺の話から始まるが、オレオレ詐欺のエピソードは物語の本質とはほとんど関係ない。オレオレ詐欺がきっかけで別の俺の存在を知った俺は、そのもう一人の俺ととりあえずの役割分担をするため、携帯電話のアドレス帳に俺の名前をもう一人の俺に登録させるかたちで、自分の名前をゆずってしまう。ここから話は急展開し、次第に俺を俺たらしめていた人間関係や存在基盤がだんだんと揺らいでいき、俺が果たして何者なのかわけが分からなくなっていく。

読んでもわけの分からない人は、本を読んでみましょう。

土日は小川山でクライミング。全然登れなくてショックを受けた。最近、フリークライミングに行くたびにショックを受けるので、もう行かないほうがいいのではないかと考えている。

『Frozen in Time』

（2010・9・20）

来年の北極探検に向けて、本格的に英語資料を読みあさり始めた。手始めに読んだのが『Frozen in Time』。19世紀中頃、ヨーロッパとアジアを結ぶ幻の北西航路発見を目指し、行方を絶ったジョン・フランクリン探検隊についての本である。フランクリン隊の行方は1859年、マクリントックの探検隊により、129人全員死亡という最悪の事実が判明した。極北カナダのビーチェイ島にはフランクリン隊の3人の墓が残されており、1980年代にある科学者がその遺体を発掘した。この本はその時のノンフィクションである。彼らはX線撮影などで遺体の死因を特定し、フランクリン隊を悲劇が襲ったのはなぜかを解き明かしている。表紙はその時に発掘された隊員の死体。本の中には他にも死体の写真がごっそり掲載されている。冷凍保存されていたため、死後約140年経っているとは思えないほど、肉体組織はピチピチしていたという。

個人的には次は北西航路をテーマに本を書きたいと思っている。北西航路とは何か？その話は長くなるのでまた次に回すとして、こうした本で役に立つのは実は巻末資料である。近年のノンフィクションや雑誌に掲載された調査結果（フランクリン隊がなぜ遭難したのかは極地探検史上、最大の謎といわれており、今でも物好きたちが熱心に調べている）だけではなく、約150年前のマクリントックの探検報告や、引きつづき行われたアメリカのチャールズ・フランシス・ホールやフレデリック・シュワトゥカ（マニアックすぎますか⁉）などによる、当時のショッキングな資料名も分かる。

世の中便利になったもので、容易に手に入りそうにないこうした古い英語資料も、今の時代、アマゾンで適当に検索してみたら見つかってしまったりするから恐ろしい。アメリカのどっかの大学の出版部が復刻版を出しちゃったりしているわけだ。うわー、これも買える、あちゃーこれもある！　などとつぶやきながら、必要そうなのはガンガン購入。気づいたら8冊も購入していた。12月頃に船便でどっさり届くらしい。まったく困った時代である。

ついでにジョージーナ・ハーディング『極北で』も読む。これは４００年前の航海日誌をもとにしたという小説。魂の救済を求めたのかどうか知らないが、捕鯨船を下船し、グリーンランドの島で一人越冬した男の物語である。文章が非常に美しいので読めるが、ちょっと美しすぎる。主人公は越冬した後、アザラシにバイオリンを弾いて涙を流すのだが、そんな不気味な奴はこの世にいない。北極の本質はやっぱり、１２９人が死亡する、闇夜と死に支配された恐怖の大地でしょう。

日々本本 2

ノンフィクション海外篇

お願い！　サードマン

ジョン・ガイガー『奇跡の生還へ導く人』を読む

先日、都内の某書店で、ヒマラヤの八千メートル峰を日本人として初めて完登した登山家の竹内洋岳《ひろたか》さんと公開トークショーを行う機会があった。竹内さんがNHK出版新書で自著を出版したのを記念したイベントで、いわば私はゲストとして呼ばれたわけである。

登山と探検という同じ冒険精神を基調とした活動をしているとはいえ、実は私は竹内さんに自分とは異なる毛色の人だという印象を持っていた。向こうはいってみれば本道である。ヒマラヤ登山はとてつもなく高い山に登るのだから、登山をしていない人にも何となく凄さが理解しやすい活動だ。しかも山の頂上に登れば成功なのだから目標も明確で、竹内さんの場合は十四座ある八千メートル峰すべてに登った初めての日本人なのだから、その快挙性も理解しやすい。ある知り合いの新聞記者は、今後、新聞の一面を飾る登山家はもう日本からは生まれないだろうと予言していたが、それもむべなるかなの壮挙なのである（といってもこの予言は二〇一三年、三浦雄一郎が八十歳でエベレストに登頂したことで、あっさり覆されたのだが……）。

この誰にでも理解されやすいということは、その行為が時代の常識の枠内に吸収されていることを意味する。そして時代の常識の枠内に吸収されているということは、社会の一定数の人間がその行為に従事することで、確固としたジャンルとして社会で認知されているという事実を指している。ヒマラヤ登山というのは、例えば最高峰のエベレストなどは今では一シーズンに四百人も五百人も登頂するというし、登山とは無縁のタレントがガイドに率いられてテレビ番組の企画で挑むような状態にあるわけだから、社会からひとつのジャンルとしてしっかりと認知を受けているわけだ。要するにわけの分からない行為ではない。登山をしていない人からすると、何でヒマラヤなんかに登るのかというその心情の部分は理解できないかもしれないが、この世にヒマラヤに登ろうとする人がいるということは理解できる。つまり竹内さんはその外部の人間が理解できるジャンルの最先端の一人だといえる。社会から外にはみ出しているわけではなく、新聞もその意義を社会的コンテキストの中で理解できるので、竹内さんの行為を一面の記事で紹介することができるのである。

　しかし私のやっている探検は他人に理解されるような要素がほとんどない。私が今、一番力を入れているのが冬の北極、つまり太陽の昇らない極夜世界の探検で、しかもＧＰＳを排除し、六分儀という昔ながらの航海器具を使って、星を観測して旅をするというものなのだが、これなどはもう懇切丁寧に説明してあげないと、私以外のほぼ全人類がその意義を理解することはできないだろう。今のところ三カ月以上の長期間にわたり極夜の世界を放浪することが現時点での私の最大の生きがいなのだが、仮にこれに成功しても、新聞に「角幡さん、極夜の北極放浪に成功」という記事が載ることは絶対にない。

そもそも私がなぜこんなわけの分からないことをするようになったかというと、脱サラしてフリーになった時に思い切って名刺に探検家という肩書を書いてしまったからなのだ。探検家を名乗った以上、探検とは何かということを追求しなければならず、真剣に考察をくわえた結果、当たり前といえば当たり前だが、探検とは身体的リスクを背負いながら未知を追求する行為であるとの認識に至った。そして探検にとっての未知とは何かと考えた時、それは自分一人にとっての未知ではなく、その社会全体、あるいは人類全体にとっての未知でなければ、この場合における未知の未知性は成立しないわけだから、社会からはみ出したこと、つまり誰にとってもわけの分からないことをやらなければならなくなったのである。

このように竹内さんと私ではやっていることの性格が異なる。正反対だといってもいいぐらいだ。だから公開トークショーの前は話がかみ合わないのではないかという危惧がないではなかった。もちろん今述べたような、お互いにとって敏感で面倒くさい話題に触れるのは、公開トークショーという場の性格上そぐわない。トークショーはおカネをとってお客さんに来てもらっているのだから、楽しんでもらうことが本義。つまりどちらかというとガチンコではなくプロレスで、お互いが技を受け流せるような笑い合える話題に終始するのが望ましい。そこで私はいくつかのネタを念入りに仕込んだのだが、そのうちのひとつにサードマンのことがあった。

もしかしたら、というかきっと、竹内さんぐらいヒマラヤで危地を脱してきた経験があればサードマンの一人や二人見たことがあるに違いないと思っていたのである。

サードマンとは何か。もしあなたがそれを知りたければ、ジョン・ガイガー『奇跡の生還へ導く人』という本を読むことをおすすめする。簡単に説明するとサードマンとは、登山家や探検家がケガや遭難などで生死の境を彷徨うほどの極限状態に置かれた時に、突如目の前に現れ、生還への道筋を示してくれる天使のようなものである。それは明確に目に見えるものではない。しかしすぐそこにいるという確かな実在感があるという。自分以外には誰もそこにいないはずなのに、誰かがすぐそこにいる。そして死の領域に片足を突っ込んだ者に励ましの声を与えてくれる。立ち止まるな。今、立ち止まるとお前は死ぬぞ。歩け。歩きつづけるんだ。大丈夫だ。そう右足をゆっくりと前に出せ。次は左足だ。前に進め。もう少し行くと岩陰に水があるぞ。水を飲んで渇きを癒やすんだ。そして歩きつづけろ――。

声をかけられたほうは違和感を覚えることもなく、サードマンを普通の人間と同じように実体のあるものとして受け入れる。だからその助言に従って足を出しつづけるし、もちろん水も飲む。そして、もう大丈夫だというところまで来た時、サードマンはフッと消える。それまで確かな実在感があったのに急にそれがなくなるのだ。

このサードマンの言葉に従って生還した例は意外と多い。世界的なベストセラーになったような有名な遭難生還劇を扱った本では、むしろおなじみの存在とさえいえる。なかでも最も有名なのは二十世紀初頭に南極横断を目指したアーネスト・シャクルトンの探検に登場するサードマンで、『奇跡の生還へ導く人』でも最初のほうで紹介されている。

軽くシャクルトンの探検を振り返ってみよう。

一九一四年八月、世界初の南極大陸横断という壮挙を目指して英国を出たシャクルトンの船は、しかし大陸に着岸することさえなく巨大な氷盤や浮き氷に取り囲まれ、動けなくなってしまう。十カ月間におよぶ漂流の間、船は氷の圧力を受けて軋《きし》みつづけ、ついにシャクルトンは船を捨てることを決断。二十八人いた隊員は船に積まれていた小型ボートを波間に下ろし、荒れ狂う氷の外洋を漕ぎはじめた。波しぶきが打ち寄せる中、ずぶ濡れになってがたがたと震え、肉体的にも精神的にも追い詰められながらも、何とか隊員たちは海上に浮かぶエレファント島に上陸した。だが島に上陸したからといってそれで助かったわけではない。痩せこけた二十八人の男たちがこの島で瀕死の状態にあることを知っているのは世界で彼らだけだった。シャクルトンは救助を求めるために、比較的余力のある五人の部下を選び、ボートを改良して、千キロ以上離れたサウスジョージア島を目指して再び海に漕ぎ出した。運が悪いことに、そこは世界で最も危険といわれる海域だった。風と潮と濡れと揺れと凍傷に悩まされる悪夢のような十七日間に耐えた後、ついに一行はサウスジョージア島に到着した。ところが島には何もなかった。事前に捕鯨基地があることは分かっていたが、彼らが上陸したのは島の反対側で、その基地に行くには氷と断崖に覆われた二千メートル級の未知の山塊を越えなければならなかったのである。そこでシャクルトンは最後の危険を冒すことを決断する。五人の中から二人を選び、山の向こうにある捕鯨基地を目指して危険な山越えに挑むことにしたのだ。

彼がサードマンを見たのはこのサウスジョージア島横断の最中である。彼はこの探検について報告した『南へ』という自著の中で、この時の遭遇につつましやかに触れている。

当時のことを振り返ると、我々が雪原のみならず、エレファント島とサウスジョージア島の上陸地点を隔てていた時化《しけ》の荒海を乗り切ることができたのは、神のお導きがあったからとしか思えない。サウスジョージア島の名もない山々や氷河を苦しみ抜きながら踏破したあの三十六時間の間に、我々は三人ではなく四人だと思える瞬間がしばしばあったのは確かである。(奥田祐士・森平慶司訳)

サードマン現象が何よりも不可思議なのは、それがたった一人の個人的な体験にとどまらないことである。例えば二人の人間が同時に生存の危機にある時、その二人が同時にサードマンを感じるというようなことがあるらしいのだ。この時のシャクルトンもそうだった。サウスジョージア島の山脈を横断した時、彼らは三人だったが、後からシャクルトンはそのうちの一人からそっと秘密を打ち明けられる。「ボス、不思議なんですが、あの時はわたしたちの他に、もう一人いるような気がしてなりませんでした」。そしてもう一人の仲間も同じような話をシャクルトンに語ったという。つまりこの三人は全員、ほぼ同時に、第四の男ともいうべき人物の存在を感じ取り、それに見守られているという感覚を共有しながら捕鯨基地への到達を果たしていたわけだ。

『奇跡の生還へ導く人』にはこうした事例がいくつも紹介されている。サードマンと霊的現象や宗教的神秘体験との関連性や、なぜこうしたおかしなことが起きるのか、その原因についても脳科学や意識に関する研究成果をもとに詳しく分析されている。

この本を読み終わった時、私は何ということだと愕然としたことを覚えている。本の内容もさることながら、私は己の過去を振り返っていたのだ。それまで私はサードマン現象について聞いたこともなかったし、もちろん実物を見たことなどなかったわけだが、この本を読んでみると、自分には十分にサードマンを見る資格があるように思えたのである。

ところが実際には見たことも感じたこともない。

私にも死の領域に片足を突っ込んだ体験の一つや二つはあった。一番死の領域に近づいたのは、チベットの峡谷地帯を単独で探検した時である。この時は二十四日間にわたって密林に覆われた世界最大の峡谷を這うように彷徨し、途中から飢餓に苛まれて、最後は本当にもう自分は死ぬんだと覚悟するところまで追い込まれた。幸運に恵まれて私は死なずに生還し、その時の体験を『空白の五マイル』という本にまとめた。そして作品化するだけでなく、機会があれば方々のエッセイでこの時の体験について触れ、生の中に死を取り込んだだの、死生観が変わっただの解脱《げだつ》者じみたことを書き散らしてきたのだが、ところが何のことはない、サードマン一人見ることができていなかったのである。

一体何が足りなかったのだろうと私は考え込んだ。やはり追い込まれ方があと一歩足りなかったのだろうか。この本を読むうちに、私は何だかビッグチャンスを逃したような気になってきた。たしかにシャクルトンの経験に比べたら、自分の探検は死への近づき方がまだまだ甘かった。それは認めざるを得ない。しかしこの本の中には、これなら自分のほうがよっぽどヤバかったと断言できるようなケースがいくらでも載っているのである。

このことについて、私はたびたび一緒に山登りに行く経験豊かなクライマーに相談めいたことをしたことがあった。サードマンって知っていますかと訊くと、彼は知っているよと言った。

「実はこの前サードマンに関する本を読んでショックを受けたんです。自分はチベットで死に近づくような体験をしたつもりでいたのに、サードマンは現れなかった。なんか悔しくて……」

「なんだ、あんな大変な体験したのにサードマン出なかったの？　感受性が鈍いんじゃない」

サードマンって感受性の問題なのかと思いつつも、冗談めかして訊いてみた。

「まさかサードマン、見たことあるんですか？」

「あるよ」

「えっ？」

「昔、ダウラギリに登りに行って、頂上に向かう途中で現れた。近くで進め、進めって励ましてくれるんだ。もう絶対そこに誰かいるって感じがするんだよなあ」

何ということだろう。サードマンを見た人がこんなに身近にいたなんて！　私の衝撃はさらに深まった。あの時のチベットの体験は自分が思うほど大したものではなかったのだろうか。あの程度の死への近づき方は、ヒマラヤに登っている者なら誰でも体験しているものなのかもしれない……。

『奇跡の生還へ導く人』によると、サードマンが現れやすい条件というのがあるらしく、ひとつには自然環境や行動が単調であることが重要であるという。そのため平らな氷原を延々と歩く極地探検では比較的出没例が多いそうだ。

偶然にも私はこの本を読んだ後から北極圏に通う機会が増え、そのたびに心の中で今回こそ現れるのではないかという期待を持って旅にのぞんでいた。最初に北極に行った時は友人と二人で三カ月半かけて、カナダ北極圏の氷海や荒野を千六百キロにわたって踏破した。空腹が行きすぎて麝香牛《じゃこう》の親子を撃ち殺して食べたりするなど、肉体的な負荷は過去に経験がないほどだったが、それでもサードマンは現れなかった。そして二度目の北極は、太陽の昇らない冬の極夜に初めて足を踏み入れた二〇一二年~一三年の冬の話である。この旅では一カ月ほど村を離れて、真っ暗な氷の海を一人でぶらぶらと放浪したのだが、GPSを持っていなかったものだから途中で二度ほど自分の居場所が分からなくなり、もう帰れないのではないかと恐ろしく心細い体験をすることになった。しかしそれでもサードマンは現れてくれなかった。

そんなことがあったので私は竹内さんにサードマンを見たことがあるか訊いてみたかったのである。私の知り合いのクライマーはたった一回の八千メートル峰挑戦で見事にサードマンと出会っている。それに比べると竹内さんはヒマラヤの八千メートル峰をすべて登っているし、そのほとんどが無酸素での登頂だ。しかも雪崩に叩き落とされて文字通り九死に一生を得るような体験もされているので、まず間違いなく彼はサードマンを見たことがあるとにらんでいた。だが意外にも彼の答えは見たことがないというものだった。そしてその言葉に私は、もしかしたらこの人も感受性が鈍いのかもしれないと、少し救われた気がしたのだった。

変な話だが、私はまだサードマンを見ることをあきらめたわけではない。次の冬もまた太陽の昇らない暗黒の北極で旅をするつもりなので、もしかしたら今度こそ現れるのではないかという期待というか不安というか覚悟というか、そういうものがある。私の極夜探検は、実はサードマン探検が裏のテーマなのだ。暗闇の中でボーッと現れるサードマン。一体どんな感じなのだろう。

山のジャンル化、マニュアル化

ジョン・クラカワー『空へ』を読む

アイスクライミング。何て甘美な響きだろうか。

アイスクライミングとは岩壁にできた氷壁や氷柱、あるいは谷間の懸崖《けんがい》にかかった氷の大滝を、アイスバイルと呼ばれる二本の蟷螂《かまきり》の鎌のような道具を使って登る登山の一形態である。すなわち、家で入念にヤスリをかけたアイスバイルを氷壁に打ちこみ、氷に食いこんだわずかなピックに命をたくすというきわどい状態。あるいは、それと同時にアイゼンの前爪をけりこみ、強引に体勢を安定させたところで右手のバイルを引きぬき、もう少し上に打ちこもうと奮闘する時に感じる恐怖。そう、アイスクライミングとはつまり、必死で右手のバイルを打ちこむ間に、全体重を引きつけていることで次第にパンプしてくる左腕のことであり、左腕が使い物にならなくなるというのに右手のアイスバイルのほうはいまだ有効な一打を決めることができず、その瞬間にふと垂直に切れ落ちた足下の虚空を想像し、緊張でガタガタと震え出す踵《かかと》のことでもある。

山に行かないと私の精神はふわふわと浮遊し、気力の失われた夢遊病患者のようになってしまう。冬になってアイスクライミングの魅力に抗し切れなくなった私は、妻があと十日ほどで出産予定日を迎えようとしているにもかかわらず、つい携帯電話に手を伸ばし、人目をはばかるようにメールを打電した。

「誰にメールしてるの？」

背中に目でもついているのだろうか、夕飯の支度をしていたはずの妻が私の怪しげな動きに気づき、鋭いツッコミを入れてきた。その反応があまりにも素早かったものだから、私は間男みたいな声をあげて、「ナメタロウです……」と山友達の名前を正直に告白してしまった。

「またナメタロウさん？」。ナメタロウというふざけたあだ名を「さん付け」で呼ぶのは、私の知る限り彼女だけである。「信じられない。この前、四日間も山に行ってきたばかりじゃない」

「いや、あれはアイスクライミングじゃなくて尾根を登ったわけだから……」。とりあえず八ケ岳でいいから、アイスも一本ぐらいは登っておきたいというものだろ」

「関係ないよ」。彼女はため息を漏らした。「ねえ、何のために自分が今、日本にいるのか分かっているの？」

妻の言っていることはこういうことだった。当初の予定だと今年（二〇一三年）の冬は十一月から極夜の北極探検のためグリーンランドに向かうことにしており、実は十二月の出産に私は立ちあわないつもりだった。しかしどんどんふくらむ妻の腹を見るうちに、（優等生的にいうと）出産に立ちあって生物としての喜びの瞬間を彼女と共有したいという気持ちが強くなり、出発を延期することにしたのだ。といっても夫としての良心に立ち返ったのかは自分でもよく分からない。単に自分の興味の優先順位が変わっただけという可能性もある。しかしだとしても、出産に立ちあうことを告げた時、妻が嬉しさのあまり涙を流して、それにより二人の仲は深まりの様相を見せたりしたことも事実だった。

ところが実際に冬になって出産が近づくと、私は富士山に行き、その後は北アルプスの赤沢岳に四日間も出かけるなど山にばかり行ってしまう。そして今度はアイスクライミングだ。こちらとしては今冬は春までグリーンランドで山に登れないのだから、一本ぐらいアイスをやっておきたいというのが今度の山行の大義名分なのだが、そんな理屈は向こうには通用しない。山に登っている間に産まれたらどうするのさ、と反論のしようのない正論ばかり言って全然話にならないのだ。

「大丈夫だよ。日帰りだし、八ケ岳なら電波も通じるから、この前みたいに破水チェックの電話を入れるよ」

「ああ、もうひどいね。あなたのお父さんは山に行くんだよ。あなた、もうその日に産まれてきなさい」

そうぼやいてお腹をさする彼女を横目に、私は逃げるように友人と八ケ岳に向かったのだった。

それにしても冬の八ケ岳に来るといつも違和感を覚える。

その原因は明白で、冬山に不釣り合いなほど登山者が多いことだ。ガイドが率いるツアー登山や何張りもテントをはる山岳会、仲睦まじいカップル、逆にさびしげにツェルト（不時露営用の簡易テント）をはる単独行者……。山が浅くアプローチが至便な八ケ岳は冬になると、山というより積雪期クライミングを手軽に楽しむことのできるゲレンデに変わる。

積雪期クライミングというと昔は命を賭けていることをプンプンと臭わせた、過剰な悲壮感の漂う半分やさぐれた男たちの世界だったが、八ケ岳に来るとその様相が時代とともに一変したことがよく分かる。雪だけが降る、誰もいない深くて静寂な山の中をひたすらラッセルして岩壁を目指すという、そんな井上靖の『氷壁』みたいな世界を八ケ岳に求めても無駄というものだ。ここはもう少し爽やかで、汗や小便の臭いよりシトラスミントの香りのほうがよく似合う登山者のほうが多い。特に近年は道具の進化や軽量化、クライミングのファッション化などが進んだせいで山ガールの明るい嬌声が聞こえてくることも珍しくなくなった。時には雑誌のグラビアかと思うような派手なウェアを着た勘違いなオッサンが目の前を歩いたりしていて、どこか動物園的な空気すら漂っている。

もちろん私が好きなのは『氷壁』に近い冬山だ。しかし時には今回のように、あまり気乗りはしないが八ケ岳に行かなければならない時もある（十二月の冬の浅いこの時期にしっかりと滝が凍っていて、かつ万一の妻の破水時に緊急下山して東京の自宅まで数時間で戻れる山は他にない）。しかし、行くと必ず人の多さにゲンナリしてしまうのだ。

数年前にはこんなこともあった。

友人と三人で南沢大滝という八ケ岳でも屈指の人気ルートを登りに行った時のことだ。私たちは滝に向かっている途中、まだ午前中の早い時間なのに、早くも下山してくる何人かのクライマーとすれ違った。話を聞くと、どうやら仲間の一人が南沢大滝で他のクライマーが落とした氷にぶつかり頭をケガしたらしい。たしかにアイスクライミングはバイルを氷に打ちこみながら登るので、割れた氷が下の人にぶつかりケガをすることがたまにある。しかし、普通だとケガをするのは下でロープ操作をしている同じパーティーの仲間である場合が多く、まったく別のパーティーが落とした氷でケガをするというのはあまり聞かない。少し遅れてやってきた血を流した痛々しい年配者の様子を見て、運の悪い人もいるものだと思いながら私たちはそのまま南沢大滝に向かった。

ところが、滝に着いてみると、そのクライマーがケガをしたのは運が悪かったわけではないことが私たちにはよく分かった。ものすごい数のクライマーが滝に取り付いていたのだ。滝の上から何本ものロープがすだれ状にかかり、登れる隙間などとてもではないが見つからない。登っている人ばかりではなく、滝の下でもロープを操作をする人や順番待ちする人が大勢固まっており、しかもその中には、本当にアイスクライミングなんかできるのかと首をかしげてしまうような年配の方々が数多くふくまれていた。

「なんだ、このクライマーの数は……」

ケガ人が出るのも当然の成りゆきだった。これだけの人が下にいるのに、その上では何人もがバイルを叩きこみ氷をバラバラと落としているのだから……と思っていたその瞬間、滝の上から「ラークッ!」と注意を促す大声が聞こえてきた。ふと見上げると、三十センチほどありそうな大きな落氷が滝の斜面をごろんごろんと転がり落ちてきた。近くにいた人はみんなあわててその場から逃げたが、しかし一人だけ、氷の落下ルートの真正面にいるおばあさんだけはその場に立ちすくみ、一歩も動けないでいた。氷はボーン、ボーンと滝の麓で二度三度バウンドし、吸いこまれるようにおばあさんのほうに向かって転がっていった。年のせいで身体が反応しないのだ、と気がつき、危ない! と声をあげた瞬間、氷は見事額を直撃し、おばあさんはプシューッと血潮を噴き出しながら後ろにぶっ倒れた。あわてて駆けつけてみると、不幸中の幸いか、おばあさんは流血はしていたものの意識ははっきりとしているようだった。

足下の雪面には赤い鮮血が滴《したた》り落ち、その一方で何事もなかったかのように滝を登りつづける数多くのクライマーがいた。明らかにどこかおかしい光景だった。しかもここでは、この日二件目の流血事案なのだ。往年の新日マットなみの惨状に私たちはゾッとした。こんなところを登ったら誰かを殺してしまう可能性がある——。しかもマット上にいるのは肉体を鍛え上げたレスラーではなく、落氷にさえ反応できなくなった高齢者をふくむ多数だった。冗談ではなく、この時の南沢大滝ほど死を間近に感じたことはなかった。死といっても、もちろん自分の死ではなく他人の死だ。これまで何度か登山や探検で死ぬかもしれないと思ったことはあったが、他人を殺すかもしれないという恐怖を感じたのはこの時が初めてだった。

「ここはやばすぎるだろ」

おばあさんが仲間の介抱を受けて下山していったのを見届けた私たちはすぐに南沢大滝を離れて、逃げるように別の滝に向かった。

それにしてもなぜみんな同じところに行くのだろう?

ここで私が考えたいのは高齢初心者のアイスクライミングの是非ではなく、そのことである。登山は本来自由を目指す行為のはずなのに、今では多くの人が同じ山を目指し、そして同じことをやろうとする。やり方は定型化しており、そこには自由も何もない。南沢大滝で私が見た流血の現場は、現在の登山界が示す典型的な一シーンだった。もちろん登山者が特定の山域に集中するのは何も八ケ岳に限った話ではなく、例えば私の頭にパッとすぐに思い浮かぶのはエベレストだったりする。

世界で最も高い山であるエベレストは今や世界で最も世俗的な山でもある。天候に恵まれた日には三桁の登山者が行列をなし、バラエティ番組のディレクターが女性タレントに登頂を指示しても、それが業務としてまかり通ってしまうという、そういう山になっている。

現代のエベレストでどういう登山が行われているかを知りたければ、ジョン・クラカワーの『空へ』を読むのがいい。この本は著者が一九九六年にエベレストの公募登山隊に参加して書かれたもので、現代ヒマラヤ登山の問題点を指摘したルポルタージュとして別格の位置を占めている。少なくとも私の中では個人的に受けた影響をふくめて、あらゆるルポルタージュの中で特別な一冊だ。

著者のクラカワーはもともとアラスカのデヴィルズ・サム（悪魔の指）という岩峰を単独で登ったこともある先鋭的なクライマーで、米国のアウトサイド誌に精力的に寄稿するライターだった（そして今は米国を代表するノンフィクション作家である）。『空へ』の他にも、現代の放浪青年クリス・マッカンドレスの生と死を描き、ショーン・ペンが監督して映画化された『荒野へ』（映画は「イントゥ・ザ・ワイルド」）、さらに信心深いモルモン教徒による殺人事件を扱った『信仰が人を殺すとき』、クライマーの生き様を豊かなユーモアと深い詩情で綴った『エヴェレストより高い山』など傑作がそろっている。圧倒的な取材力、スリリングな構成、客観的で諧謔的な文体、詳細な状況描写、それに取材対象に対する適切な感情移入など、作家、ジャーナリストとして求められる能力にはいずれも高いものがあり、要するに私は彼のファンである。

新聞記者を辞めてフリーのライターを名乗りはじめた頃、私の希望は〝日本のジョン・クラカワー〟と呼ばれることだった。今だから告白するが、私には彼の文体を真似た時期さえあった（そしてその文章が陽の目をみることは決してなかった）。一、二年前、某出版社の編集者と食事をしていた時に「角幡さん、クラカワーの本を翻訳してみませんか？」と提案され、ものすごく乗り気になったことまである。すぐに、「ジョン・クラカワー著　角幡唯介訳」と刷りこまれた表紙が頭に思い浮かび私は鼻息を荒くしたのだが、残念なことにアマゾンで彼の未邦訳本がないか調べたところ、日本には馴染みのない人物の評伝ものしか見つからず、結局その場で話が流れてしまった。

『空へ』はそのクラカワーの代表作で、現在のエベレストがどのように登られているかが余すところなく描かれた本だ。

簡単にまとめると、現在エベレストなど人気のあるヒマラヤの八千メートル峰では、有名ガイドが率いる公募登山隊、つまり商業ツアー登山に参加するのが主流となっている。力のあるガイドが登頂までの戦略を決め、それに沿ってガイドやシェルパがルートにロープ工作し、キャンプを設置して荷上げをする。ヒマラヤ登山で一番ネックとなるのが高所順応だが、もちろんその対策もガイドが決める。顧客やその時の天気の状態などと相談しながら何月何日に第二キャンプまで登って、一度ベースキャンプに下山して休養した後、次に第三キャンプまで登り……というような日程を作るわけだ。つまり登山隊に参加した顧客は、あくまで高いお金をはらったお客さんであり、登らせてもらうという立場である。だから、国を代表するような精鋭ぞろいだった昔の遠征隊と違い、今の公募登山隊には本格的な登山を経験したことがないような素人が参加することが少なくない。そしてヒマラヤを登ったことがない私がなぜそこまで詳しいのかというと、『空へ』を何度か読んだからである。

エベレストは高いだけあって、あらゆる山の象徴にもなっている。山に登りたいという人間の野心や欲望は一番高い山に忠実に集積するため、エベレストには矛盾や病理もふくめた現代登山の生の姿が忠実に反映されている。だから八ケ岳の特定の滝にクライマーが殺到する状況と、ガイドに丸投げの公募隊でエベレストに登る登山者の行動の間には、私には共通する基盤があるように思えるのである。

その現代登山の特徴を一言でまとめると、登山のジャンル化、マニュアル化ということに尽きる。ジャンルとして固定されてマニュアル化が進んだ結果、登山は完全に時代のシステムの範囲内に収まってしまったのだ。

ここで私がいうシステムとは、私たちの思考や行動を規定する時代の常識や枠組み全般と考えてもらってさしつかえない。極端に昔の話になるが、一九二〇年代に英国の登山隊がチベット側から挑戦していた頃、つまりヒマラヤ登山がまだ探検だった時代、エベレストはシステムの外にある山だった。というより、その頃はエベレストに限らず登山全般がシステムの外にあった分野だったといえるのかもしれない。どの山であれ、最初はどこの尾根が正解ルートか分からなかったわけだし、そうした地理的な未知にくわえて装備や高所順応など登るための方法自体が手さぐりだった。要するに山に登るという行為自体が試行錯誤の産物であり、それゆえ登山行為の内部には「それをやったらどうなるか分からない」という無謀性がふくまれていた。だからこそ当時の登山は探検だったし純然たる冒険でもあり得た。

ところが無謀だった行為も何度か繰り返されていくうちに、それなりに手法が開発され、次第に洗練されていき、同時に装備も適切化して徐々にやり方が固まっていく。同時に大衆化も進行して登山人口が増えて、山に登るという行為がある一定のジャンルとして社会的に認定されるようになる。ジャンル化されるということは、山に登らない人も、山に登る人がこの世にいることを普通のこととして捉えるようになるということだ。このジャンル化が進展すると、その内部は整然としはじめ、ルールやモラルらしきものができ上がって、ここを登るにはああしたらいいとか、この装備を使えばいいとか、これをやったらいけないとかというマニュアル化が進んでいく。

当然、マニュアル化が進むと山には登りやすくはなる。しかし、マニュアルに管理されているわけだから昔のようなシステムの外にあった山と比べて混沌とした自由が失われてしまう。山というシステムの外の魔界に向かう旅だった登山というものが、整った舞台の中で登頂という成果を求めるある種のスポーツに変化したわけだ。『空へ』がルポルタージュとして価値が高いのは、単純に面白いこと以外に現代のエベレストがこのジャンル化、マニュアル化が最高度に進んだ山であることを図式的に示しているからだ。冒険とは本来、システムの外に行って試行錯誤する無謀な行為で、登山はその冒険的要素が極端に強い行為だったのに、今のエベレスト登山はまったく逆で、何月何日にこのキャンプに泊まって……といったマニュアルを順守するのが目的を達成する一番の近道になっている。ひどく前例踏襲的で、冒険というよりも大学入学試験に近い印象すら受ける。

　私が八ケ岳に覚える違和感も本質的にはこれと変わらない。八ケ岳が人気なのは登山者数が増えたことで情報があふれて、ルートが整備されて、といったシステム化が強化され、余計な心配をしなくてもいいことが大きな要因になっている。つまり八ケ岳なら予定調和で家に帰れる公算が高い。現在の多くの登山者が望んでいるのはこの予定調和で、事前にグーグルでルート名を検索し、登る前から状況が分かるような確度の高い情報を手に入れ、役人のようにつつがなく情報通りに登山を終えることを求めている。その結果、つつがなく終えることのできる特定山域にばかり登山者が集中し、グーグルでルート名を検索しても記録が出てこないような面白い山は見向きもされないというバカなことが起こっている。要するに登山で最も大事だった何かを切り捨ててしまっているのだ。

ところで冒頭に書いた出産間近の八ケ岳アイスのことだが、そこはもちろん八ケ岳、つつがなく予定通り登り終えて家に帰ることができた。駐車場まで下山して、妻に「どう、破水しなかった？」と電話して、「しなかったよ」という回答を得たことまでふくめて、この時の登山は実につつがなかったし、それは私が求めていることでもあった。

従ってこの時の登山には、そのこと自体に何ら書くべきことは存在しない。マニュアル化された登山に物語など存在しないのだから。

はるか遠くの大いなる孤独のなか

ジョーゼフ・キャンベル、ビル・モイヤーズ『神話の力』を読む

本や言葉との出会いは、人との出会いと似ていて、どこでどうつながっているか分からないところがある。誰かと話していて世間はせまいと思うことはよくあるが、本を読んでいる時にも似たような感覚を味わうことはしばしばある。とりわけある関心に沿って、その分野の本を集中的に読んでいると、「あの人があそこで書いた言葉は、この人の言葉だったのか」と意外な発見にぶつかることが少なくない。そんな時は著者と自分との間に共通の知人を見つけた気がして、妙にうれしくなるものだ。

ジョーゼフ・キャンベルとビル・モイヤーズの対談集『神話の力』が、ここ何年かで最も印象に残った一冊となったのは、内容の素晴らしさにくわえて、今述べたような発見の物語があったからだ。私は『神話の力』の中で、過去の自分の体験の意味を適切に表現した、ある言葉と出会うことになった。その言葉は途方もなく深長で、私にとっては特別なものとなったが、ただ『神話の力』にはその言葉がどの書物に載っているのか詳しい説明は書かれていなかった。ところが奇遇なことに読後しばらく経ってから、私はまったく別

の機会にその言葉が書かれた原書を読むことになったのだ。しかもその言葉との「再会」を果たしたのが、それが起こるにはこれ以上適切なところはないと思えるような場所と状況だっただけに、この体験はことのほか心に刻みつけられている。

『神話の力』の著者ジョーゼフ・キャンベルは、世界各地の神話の比較研究に多くの業績を残した神話学の世界的権威で、共著者のモイヤーズはテレビのコメンテーターの経験がある米国を代表するジャーナリストだ。いってみればこの本はモイヤーズがインタビューして話を引き出すことで、キャンベルの知識と思索を一般の読者にも分かりやすく伝えることができた名著だといえる。新宿の紀伊國屋で白と黒を基調にした、見た者に何やら考古学的なイメージを抱かせる意味ありげなデザインの文庫本が平積みになっているのを見つけた時、私は神に導かれるようにこの本を手に取った。ページをめくった瞬間、すぐにレジに持ち運ぶべき本であることが分かった。本というものはしばしば読む前の期待を裏切るものだが、しかし『神話の力』はそんな肩すかしを喰らわせるような本ではなかった。

いい読書にはタイミングというものが重要だ。私がこの本から多くの感銘を受けたのは、その少し前の個人的な経験が大きな受け皿になっていたからだった。約半年前の二〇〇九年から一〇年の冬、私はチベットのツアンポー峡谷を単独で探検していたのだが、その旅の経験が『神話の力』を受け止められる土壌となったことを否定することはできない。

ツアンポー峡谷というのはヒマラヤ山脈の東にある世界最大の峡谷で、私はこの峡谷の空白部の探検に学生時代から血道を上げてきた。探検が人生のすべてであると確信していた私は、大学を卒業して数年が経った頃、誰を伴うでもなく、大きなザックをひとつ背負い、気軽なバックパック旅行さながら、この世界一の峡谷に向かった。一度目の探検では、ダニとヒルとむせかえるような瘴気《しょうき》に悩まされながらも、記録のなかった空白部の探検に成功するなど、それなりの結果を残すことができた。しかし、目的が完全に果たされたわけではなかったので、二〇〇九年冬に再び二度目の単独探検に向かうことにした。

二度目の旅の目的は大峡谷の無人地帯を一人で完全に踏破することだった。そのことに何の意味があるのかと問われればよく分からなかったが、しかしそれは、あなたは何のために生きているのですかと問われた時に即答できる人がいないのと同じで、とにかく私はそれをやらなければならなかったのだ。探検を終えるまでに二十四日間かかった。陽も当たらない、湿った、険しい峡谷の中を、たった一人で長期間這いずり回るような行動を毎日つづけていると、他では体験できない緊張感を味わうことになる。私が旅をしていたのは誰もいない世界一深い谷で、油断して滑落でもしたら死亡あるいは骨折は免れない。助けを呼びに行ってくれる仲間もいなかったし、衛星電話など外部との連絡をつける通信手段も持っていなかった。それに情報がないだけに先の状況も分からない。岩壁で行く手を阻まれるかもしれないし、雪崩の危険がある谷筋にルートを取らなくてはならないかもしれない。そうした無限の不安の中で、私は来る日も来る日も深い峡谷の藪の中を蠢《うごめ》いていた。目的地はあまりにも遠く、自分がそこに到着する日が来るのか、生きて帰ることができるのか答えの見つからない日がつづいた。

こうした漠然とした死への不安の中で日々を過ごしていると、生への認識は否応なしに変化を受ける。うまく説明できないが、それは生の先に死が存在することを明確に意識せられた状態、死が何も特別なものではなく、隣にあることが日常化した状態だった。死が希薄になった現代の日常ではこうした感覚を持つことは稀であろう。その意味でこれは貴重な体験で、生というものは死が隣にあるからこそザラザラと生々しく感じられるということ、生の中に死を取りこむということを、私は身体的に理解することができたのだった。

そのような経験をして、まだ身体の奥底に熱い余韻が残っていた頃、私は紀伊國屋で『神話の力』と出会ったのだ。キャンベルの言葉は、私にはいちいち深いものに感じられた。キャンベルの話に力を感じたのは、彼がただ単に各民族の神話を比較研究し、整理整頓した「論」を述べていたからではなく、「論」から敷衍《ふえん》された人間の生に関する広い洞察がちりばめられていたからだ。神話から読み取れることについての彼の答えはとてもシンプルだった。モイヤーズの問いかけに対し、キャンベルは「いちばん肝心なところ」として次のような指摘をしている。

人々はよく、われわれみんなが探し求めているのは生きることの意味だ、と言いますね。でも、ほんとうに求めているのはそれではないでしょう。人間がほんとうに求めているのは〈いま生きているという経験〉だと私は思います。純粋に物理的な次元における生命経験が自己の最も内面的な存在ないし実体に共鳴をもたらすことによって、生きている無上の喜びを実感する。それを求めているのです。

そうなのだ、と私は思った。自分がツアンポー峡谷の空白部に求めていたのも地理的な謎ではなく、実は過酷な自然環境を乗り越えることによって得られる純粋な物理的な次元での生命経験だったのだと思い至ったからだった。われわれが人生で求めているのは、生きている意味ではなく経験なのだ。では経験とは何だろう。キャンベルは意味は知性にかかわる概念であり、経験とはその意味が発生する手前にすでに存在していることだと説明する。

意味なんてありません。宇宙の意味とはなんでしょう。ノミ一匹の意味とはなんでしょう。それはただそこにある、あるいはいる。それだけです。そしてあなた自身の意味とは、あなたがそこにいるということです。

私のような凡人が〈いま生きているという経験〉を得るためには、チベットの山奥に行って大冒険を繰りひろげなければならなかったが、しかしうらやましいことに、キャンベルほどの知性があれば神話を読むだけで同じ結果を得られるらしい。彼は多くの神話を比較し読み解くことにより、〈いま生きているという経験〉を求めるのが神話の裏に隠された主題であることを見つけ出した。古代インドの思想から映画「スター・ウォーズ」に至るまで、神話は人類が共通で編み出してきた、生き方の希求のしかたを説明する物語なのだ。『神話の力』で彼は、それらの神話に〈いま生きているという経験〉がどのように表出しているのかを繰り返し語っていたのである。

考えてみると、登山とか冒険とかいわれるような行為は、要するに自然の中で本当の生を体感するための活動に過ぎない。極論すると、登山の究極の目的は頂上を踏むことにあるわけではないし、北極探検のゴールは北極点に行くことにあるわけではない。それらは単に行動を終わらせるための区切りに過ぎない。

登山や冒険が「生活」ではなく「遊び」の範疇《はんちゅう》に収まるのは、人為的にこうしたゴールを設定しているからだ。一過性の「遊び」と違って「生活」には永久にそれがつづく恒常性があり、それが両者を隔てる決定的な違いになっている。しかし「遊び」にも意味はあるだろう。冒険という「遊び」の意味は、昔の人類にとっては当たり前だった本当の「生活」、つまり生きるための活動に少しでも近づこうとするための努力にあると私は考えている。かつて人間は生と死が折り重なった自然の中で暮らすことで、生の中に死を取りこみ〈いま生きているという経験〉を持つことができた。ところが都市に住む現在の人類の多くは「生活」が自然から切り離されてしまったため、かつてのように〈いま生きているという経験〉を持つことができない。そのため自然の中で冒険をすることで〈いま生きているという経験〉をかつての「生活」で得られたレベルにまで近づけようとしているのだ。つまり、現代の冒険行為は自然の中で暮らしていた昔のイヌイットやインディオの生活の疑似体験だといえる。

その〈いま生きているという経験〉をもたらす自然というものについても、キャンベルは詳細な言葉を与えていた。彼によると、自然とは「ひとつの力として考えられる、定義しようのないもの、認識できないもの、つまり、あらゆる生命と存在との源泉であり、終末であり、それらを支える基盤」なのだという。

その定義できない、認識できない、あらゆる生命と存在との源泉であり終末である自然において深い認識に到達した代表的な人物の一人として、彼はイグジュガルジュクという、あまり馴染みのない、舌を噛みそうな名前の人物を挙げていた。

「イグジュガルジュクって、だれのことです？」と当然のように訊ねるモイヤーズに、キャンベルは「これはどうも」と言って次のように語っている。

彼はカナダ北部のカリブー・エスキモーのシャーマンでね。ヨーロッパからの訪問者に対してこう言ったものだ——『唯一の正しい知恵は人類から遠く離れたところ、はるか遠くの大いなる孤独のなかに住んでおり、人は苦しみを通じてのみそこに到達することができる。貧困と苦しみだけが、他者には隠されているすべてのものを開いて、人の心に見せてくれるのだ』と。

冒頭で述べた『神話の力』を読んで途方もなく深長に思えた言葉というのは、このシャーマンの言葉である。私はツアンポー峡谷の山中を孤独に旅していた時の、つらくて怖いのだが、しかしそれゆえにこそ得られている絶対的な「生感覚」とでもいうべきものを、この難しい名前のシャーマンが見事に言い表していることに心を揺さぶられた。あの時、私が認識した「生の中に取りこんだ死」こそ、このシャーマンが語る「唯一の正しい知恵」だったに違いない。それ以来、イグジュガルジュクという名前は、キャンベルが言うところの〈いま生きているという経験〉を誰よりも深く獲得した人物として私の心に焼きつき、そして自分ももう一度、「人類から遠く離れたところ、はるか遠くの大いなる孤独のなか」に行きたいと願うようになっていた。

『神話の力』を読んでから約一年が経った二〇一一年六月一日、私は北緯六十七度五十分にあるカナダ北極圏の海岸にある無人小屋の中で横になっていた。二カ月半ほど前から友人の冒険家と二人で、氷に覆われた北極圏の海上を橇を引いて旅しており、すでに私たちはゆうに一千キロ以上を歩いていた。

季節は初夏にさしかかっていたが、北極圏の大地はまだ白い雪と氷に覆われており、小屋の外では視界を遮《さえぎ》る地吹雪が吹き荒れていた。小屋はイヌイットが漁労や狩猟の時に滞在するためのもので、大きなプラスチックケースの中に毛布やカリブーの毛皮、それに灯油やガソリンといった燃料、銃の弾丸、缶詰などの保存食が保管されていた。

私は寝袋でデンマークの著名な探検家クヌド・ラスムッセンの『Across Arctic America』を読んでいた。この探検記には、彼が一九二〇年代に北米大陸北部の不毛地帯と呼ばれるツンドラに入りこんだ時の記録が主に書かれており、私たちもこれから不毛地帯を長く歩くつもりだったので、必要な部分をコピーしてガイドブックがわりに持ってきていたのだ。

この時の探検でラスムッセンは、それまで外部の人間がほとんど足を踏み入れたことのなかった不毛地帯の奥にあるヤスキド湖に足を運んでいる。そしてパドラーミウト族という、主にカリブーを仕留めて生活をしているイヌイットの居留地をたずね、一人の高名なシャーマンから多くの知恵を学んだという。

私が驚きで声をあげそうになったのは、そのシャーマンの名前を見た時だった。それはあの舌を嚙みそうな、覚えようにも覚えにくいが、かといって忘れることのできないあの名前、イグジュガルジュクに他ならなかったのだ。

とはいえ、私が読んでいたのは英語の原書だったので、本当にこの本のIgjugarjukが『神話の力』のイグジュガルジュクなのか、即座に判断することはできなかった。もしジョーゼフ・キャンベルが読んだのがラスムッセンのこの本だったのなら、『神話の力』に紹介されていたあの言葉、「唯一の正しい知恵は……」云々がそのうち出てくるはずである。どこかにその言葉がないか、私は期待に胸を膨らませながら、慎重かつ丁寧に文章を追っていった。そして一時間ほど読み進めた時に、ついに見つけたのだった。ラスムッセンは「彼の理論はとても簡潔で、ごまかしがないので、素晴らしくモダンに聞こえる」と前置きした上で、イグジュガルジュクの次の言葉を紹介していた。

All true wisdom is only to be learned far from the dwellings of men, out in the great solitudes; and is only to be attained through suffering. Privation and suffering are the only things that can open the mind of man to those things which are hidden from others.

それは素晴らしい言葉との再会だった。自分が北極を旅しているその時に、かつて感銘を受けた北極のシャーマンの言葉の原典を見つけるとは思いもしなかった。しかも、まさにこれからイグジュガルジュクが暮らしていた不毛地帯に、私は足を踏み入れようとしていたのだ。

ラスムッセンによると、イグジュガルジュクは用心深い性格だったらしく、最初はなかなかイヌイットの精神世界や知の体系について詳しいことを語ろうとしなかった。しかし長い時間をともに過ごし、気の置けない関係になるに従い、彼の口は少しずつ滑らかになっていった。苦悶を通じて真理に到達するという深遠な彼の世界観は、シャーマンになるために行った厳しい修行の末に獲得されたものだったという。若い頃にシャーマンの素質を見出された彼は、部族の仲間から強制的に冬の荒野に放り出され、三十日間にわたる過酷な断食修行を強いられた。その後も断続的に修行を課せられ、自然の奥に宿る生と死の秘密、この世の中を動かしている絶対的な原理を射抜く透徹したものの見方、すなわち唯一の正しい知恵を感得することになった。

別に彼の言葉に導かれたわけではないが、私もここ数年はイグジュガルジュクが正しい知恵に到達することになった冬の北極圏で旅をつづけている。今年（二〇一四年）の冬も四十日ほど犬を連れてグリーンランド北西部を歩き回り、来年はいよいよグリーンランドからカナダ・エルズミア島の極北地域で数カ月をかけた越冬旅行をするつもりだ。

冬の北極で旅をはじめたのは、太陽の昇らない極夜の世界とは一体どんなところなのかという探検的な関心がきっかけだったが、でももちろんそれとは別に、そこに行けば〈いま生きているという経験〉をこれまで以上に強く持つことができるのではないかという冒険的な動機もあった。闇に閉ざされ、ブリザードが吹き荒れる雪と氷の世界の旅が鼻歌交じりのものになるはずがない。そこにはまさに苦悶の世界が広がっているだろう。極夜の暗闇の中を数カ月かけて誰とも接触せず、たった一人で越冬旅行をした人間は、私が知る限り誰もいない。旅が文章で報告されるようになった有史以降、そんな記録は存在しない。可能性があるとしたら、何らかの事故や遭難に巻きこまれて奇跡的に生還したイヌイットがいるかどうかといったところだろう。もしかしたら現生人類がネアンデルタール人から分かれて以来、初めてかもしれないとさえ思う。

誰もやったことがない旅。一人も到達したことのない世界。見たことのない場所。想像することのできない状況。昔から私はいつかそういう旅をしてみたかったのだ。それこそまさにイグジュガルジュクの言う、「人類から遠く離れたところ、はるか遠くの大いなる孤独のなか」であろう。たった一度の人生、そこを目指さずに一体どこに行こうというのか。

私が探検家を名乗るわけ

ショーン・エリス、ペニー・ジューノ『狼の群れと暮らした男』を読む

唐突で何だが、探検というのは非常に面倒くさい言葉である。扱い方が難しい、とても困った言葉だ。

たしかに私は探検家を名乗ってはいる。しかし探検という言葉が好きなのかと訊かれると、それは少し複雑だ。決して嫌いなわけではないが、必ずしも好ましい言葉であると肯定的に捉えているわけではない。じゃあ探検家という肩書などやめればいいではないかと、きっとそう思われるかもしれないが、しかしそういうわけにはいかない、こちら側の事情もあるのである。

探検のかわりに写真という言葉を考えてみよう。写真は「真」を写すと書くが、写真に写ったものが必ずしも「真」であるとは限らない。それは時折、「虚」を写すものでもある。虚を写すことがある以上、写真という言葉が好きではないと、そう考えている写真家がもしかしたらいるかもしれない。しかしだからといって、写真撮影を生業としている身としては、他の肩書を名乗ることは難しい。フォトグラファーとかカメラマンとか横文字

に逃げる手もあるが、日本語で勝負しようと思ったら写真家以外に適切な言葉はない。「写像家」とか「カメラの向こう側に存在する現実像を光学的原理により切り取る者」とか名刺に書いても、相手にキョトンとされるだけだ。私が探検家を名乗っているのも、それと似たようなものかもしれない。

昔はそうではなかった。私だって探検という言葉が好きだった。私と探検とのかかわりは大学生時分に学校の構内で探検部というクラブのビラを見つけて入部した時にさかのぼる。今振り返ると探検部に入ったのは、私の中に探検という言葉そのものに対する憧憬があったからだと思う。探検という言葉の向こうに広がるジャングルや砂漠の風景に私は憧れていた。つまりあの時の私は探検という言葉に単純に片思いをしていたのだ。だが、いざ憧れの探検と一緒になってみると、いろいろと相手の嫌な面が見えてくる。実際のジャングルや砂漠はじとじと雨が降るし、砂嵐が吹き荒れ、泥だらけで不快だ。危険な病原菌を媒介する害虫だって蔓延っている。現実の厳しさというのは体験しないと分からない。こんなはずじゃなかったのにと思うこともあるし、死ぬんじゃないかと怯えたことだってあった。しかし、ひとたび一緒になってしまった以上、あらゆる艱難《かんなん》を受け入れて前進しなければならないのである。

誤解されると困るが、私は探検行為が嫌いなわけではない。探検すること自体は大好きだから探検家をつづけているわけで、困っているのは探検という言葉なのだ。

日本語の探検というのは本当に面倒くさい言葉だと思う。まず、この言葉にまとわりつく観念的なイデオロギーが胡散くさい。いうまでもなく探検は歴史的に近代の帝国主義と密接にかかわってきた。たとえ探検家が地理学の解明や科学の発展という純粋な動機で行動を起こしていたとしても、現実として彼の足跡のうしろには、経済的な実利を求めたヨーロッパ人たちによる現地先住民の搾取や侵略がつづいた。アジア、アフリカの植民地化はヴァスコ・ダ・ガマやマゼランの航海が先駆けとなってはじまったものだし、南米のインカやアステカといった高度の文明が滅びたのも、ピサロやコルテスといったスペインのコンキスタドールが無茶苦茶だったせいだ。どういい繕っても歴史的に探検は侵略の尖兵であり、アフリカ黒人の奴隷貿易、インドの植民地化、アヘン戦争、アメリカ白人によるネイティブアメリカンの虐殺などなど、大航海時代以降の侵略者たちによる数え切れないほどの世界史の汚点と今に連なる悲劇は、すべて探検がきっかけであったといっても過言ではない。つまり探検という言葉の裏には、探検された側の血の雨が降っているのだ。そんな歴史がある以上、ぼく探検家ですと嬉々と表明することにためらいを覚えるのは当然であろう。

それにくわえ日本語の探検には、例えば英語の exploration や expedition という単語にはない、独特の恥ずかしいニュアンスがある。探検家と聞いて多くの人が思い浮かべるのは、サファリハットをかぶり水筒を肩からぶら下げて、アフリカのサバンナやジャングルを練り歩くドリフターズのコントのような一団だと思う。なぜか日本人には、探検という言葉に付随する冒険的なロマンにまともに取り合おうとしない、そういう感性があるようで、どうしても探検をお笑いにして茶化してしまわないではいられないのである。

このへんの文化的な深層についてはまだ詳しく考察できていないが、しかしこのことは確実にある。日本人にとって探検とは、いい大人がやるべきことではない、子供の遊びである。大人というのは探検などせず、背広を着て真面目に働き、会社から給与をもらい、家族を養い、老後のために貯蓄をし、現実的にものを考える人間のことだ。だから何となく探検や冒険で生きている人間には社会に対する肩身の狭さや、まっとうな社会人からバカにされているんじゃないかという被害妄想があって、別にそんなことは誰も気にしていないのに、自分たちは所詮、社会の吹き溜まりであり、理解してくれる人間などいないのだと勝手に疎外感を覚え、世間との間に壁を作って、俺の生きる場所はここしかないのだと次第に自分を追い詰め、どんどん無茶な冒険に走っていく。

実は私は以前、名刺に「ノンフィクション作家・探検家」という肩書を刷っていた。でも最近これをやめた。私の読者なら自分のことをそういう存在だと知ってくれているだろうから別に気にならないが、見ず知らずの人に探検家を名乗るのは、やはり相当勇気のいることなのである。はっきりいってしまうと、恥ずかしい。探検家入りの名刺を渡すと、どうしても心の中で笑われているような気がして、自己弁護するかのように説明してしまうのだ。自分の探検活動はコントではなく、結構真面目にやっており、本の評判もわりと高いのですと、そんな感じである。田舎の両親が莫大な借金を抱えてしまい……と弁明する風俗嬢みたいなもので、悪いことをしているわけでもないのに、なぜそんな言い訳めいたことをしなければならないのかとアホらしくなり、それで名刺の肩書から外すことにした。名乗っていて恥ずかしい肩書というのは、これはもう存在自体に原罪を抱え込んでいるといわざるを得ないではないか。

だが、それよりも何よりも探検という言葉を胡散くさくさせているのは、現代における探検行為そのものの難しさであろう。この時代に探検というのは、まさにマンガみたいな話である。

一般的に探検というのは地理的探検のことをいう。人類が知らない地図の空白部に足を踏み入れる。そういう芝居がかった、大時代的なのが正統的な探検である。しかしグーグルアースにGPSの時代に地図の空白部もないだろう。たしかに、地図はあるけれど探検はされていないという地域なら、まだ少しは残っているかもしれない。だがその多くは落ち穂拾いの域を出ない、つまり探検するほどのこともなかったからされなかったとか、政治的に入域できなかったために残されたという地域ばかりで、少なくとも人類の歴史に刻まれるような物語性のある探検の対象は、基本的にエベレストが初登頂された時点で地球上から存在しなくなった。

英国隊がエベレストに初登頂したのが一九五三年。私の出身母体である早稲田大学の探検部が発足したのが一九五九年。私のＤＮＡのルーツである探検部が誕生した時点で、今時探検なんかできるのかという議論があったぐらいだから、探検家としての私の存在基盤が極めて脆弱なことは簡単に想像できるだろう。それ以降も部内では探検とは何か、どんな探検が可能なのかという議論がことあるごとに繰り返され、もはや本物の探検は宇宙にしかないという極端なことを言う人物が、それも定期的に出現するぐらいだった。東大の探検部など現代でも探検は可能なのか議論し尽くした挙句、不可能であるという結論に達し、その自己矛盾からついには解散してしまったほどである。それぐらい今の時代に堂々と探検の看板を掲げることは胡散くさいわけで、私は非常に危うい商売に手を突っ込んでいるのである。

しかしそれでも私がやっているのは、やはり探検なのだと思う。今では別に地理的な空白部を目指しているわけではないが、しかし自分が志向していること、実践していることを吟味すると、やはりそれは探検としか表現のしようがない行為なのである。

本質論をいうと、探検というのは別に地理的な探検だけに限定されているわけではない。自分たちの世界の枠組みや常識の外側に飛び出してしまうこと、それこそが探検行為の本質である。その意味で地理的な探検は一番分かりやすい探検である。地図というのは、その時代の知識の限界を示しており、地理的な探検は、まさにその地図の外側を目指す行為だからだ。しかしその時代の知識の限界は、必ずしも地図のみによって表されるわけではない。地図以外にも自分たちの知識や科学で認識できる世界、時代を動かしている常識や枠組みの外側にある世界は存在する。つまり位相の異なる世界だ。

位相というといささか観念的で、地図のように視覚的に明示されているわけではないので非常に捉えにくい概念であるが、私なりに説明を試みると、科学や宗教や文化といった自分たちの視座を形成している共通言語により認識できる地平や階層とでも定義することができるだろうか。従って、細かいことをいうと文化や宗教や民族などの各集団によっても位相は異なってくるし、広く全人類に共通している大位相というのも想定できる。簡単にいうと日本人が見ている世界とイスラム教徒が見ている世界は違うだろうし、人間が目で知覚している世界とコウモリが超音波で知覚している世界はまったく位相の異なる世界だろう。この人間の位相の外側に行く行為こそ、前人未到の探検であり、それは別に地図の世界に限定されるものではないはずだ。

この地理的世界にとらわれない、別位相を探検した実例として近年、私が最も衝撃を受けたのが、今回紹介する『狼の群れと暮らした男』という本である。この本はタイトルを見ても分かる通り、野生のオオカミの群れと長期間暮らしたショーン・エリスという男の記録だ。内容は凄まじいの一言に尽きる。読者の多くはきっとこう思うだろう。一体これは本当の話なのだろうか？　それぐらい信じられない話が本書の中には書かれている。

ショーン・エリスは幼少期から犬やキツネなどの動物たちに並々ならない関心と愛着を示してきた英国人である。彼がオオカミの群れと共同生活することに異常なまでの情熱を見せはじめるのは、七年間の軍隊生活を経たのち、野生動物公園で飼育係の手伝いをすることになってからだ。オオカミの社会に受け入れてもらうため、彼がまず試したことは、無謀にも群れが暮らす檻の中に一晩中座り込んでみることだった。つまり相手に信頼してもらうために、いってみれば丸裸になって自分の身を彼らの自由に任せてしまったのだ。あまりにも怪しげなその行動に、オオカミたちも最初は彼と距離を保っていたが、次第に近づくようになり、臭いを確かめるなどの確認動作をとるようになった。そして幾晩か様子を見た後、オオカミは突然予告もなしに彼に突進し、何と膝の肉を噛みちぎってしまう。その時のことを、エリスはこう書いている。「すごく痛かった」。それでもひるまず檻の中で生活をつづけるうちに、彼はオオカミたちに本気で自分を傷つける意図がないことを理解する。たしかにものすごく痛いが、それは彼らなりの儀式であったのだ。そしてその試練が二週間つづいた後、ついにエリスは飼育オオカミの群れに受け入れられる。

エリスの行動はその後、さらにエスカレートする。飼育オオカミで飽き足らなくなった彼は、野生のオオカミの群れと暮らすため、単身、アメリカのロッキー山脈に向かったのだ。野生オオカミが彼を群れに受け入れるまでのイニシエーションは、動物公園の飼育オオカミよりもさらに手荒かったが、すべてを向こう側に委ねることで彼は群れの信頼を勝ち取ることに成功する。群れの最下層のメンバーとして受け入れられたエリスは、一人で森の中で寝泊まりするより、オオカミと一緒のほうが安全であると感じるようになった。そこには家族と同じ温もりがあったのだ。狩りには連れて行ってもらえなかったが、そのかわりオオカミは必ず彼に、彼が獲れるウサギよりも大きくて良質なアカシカの肉を持ち帰ってくれた。群れが狩りから帰るたびに彼らは再会を喜び、お互い顔を舐めまわした。

圧巻はオオカミの繁殖期と子育ての様子を群れの一員として体験した時の描写だ。繁殖期を迎えた二、三週間、エリスはオスたちに突撃されたり咬みつかれたりして、生傷の絶えない耐え難い苦痛を味わった。その後、一匹のメスが出産のために巣穴に閉じこもり、しばらくして小さな黒い産毛の子供を二匹連れて帰ってきた。その時のオオカミたちの興奮は信じられないほどで、赤ん坊の臭いをかぎ、つつき、くまなく調査したという。驚くべきことに母オオカミは巣穴の中ですでに必要な教育をほどこしており、エリスが人間であるにもかかわらず、赤ん坊は出会った瞬間に彼が群れの一員であることを認識できていたという。エサを要求してくるオオカミの赤ん坊の様子を見て、「私は奇跡を目撃したのだ」と書いている。

彼がなぜそこまでオオカミの群れの一員になることにこだわったのか、その動機は読んでも正直よく分からない。しかし、そのことはさほど重要なことではない。登山家だって、なぜ山に登るのかと問われても、よく分からない場合が多いし、あなたはなぜ生きているのですかと訊かれて、明確に答えられる人などそうはいないだろう。エリスの原動力も、たぶん似たようなものだ。ただ、「誰もここまでやった人はいない」といったような記述が所々で見受けられることから、誰も知らない未知の位相に飛び込みたかったことが、その行動の大きな要因であったようには思われる。何しろ彼は探検の本場である英国人なのだ。

何にせよ、エリスの行動はまさに探検だった。彼が暮らしたオオカミの世界は、人類にとってまったくの未知の領域だったからだ。行動や社会構造、認知能力やコミュニケーション手法、繁殖期や子育ての様子、人間との距離のとり方など、彼が報告した野生オオカミの生態の多くは新しいものだった。

ただ、彼の行動が探検だった本当の理由は、彼がもたらした知見や情報の目新しさにあるのではなく、彼が野生オオカミの視座を獲得できたところにある、と私は思っている。群れの一員となることで彼は、人間の見る世界とはまったく違う、オオカミの見る世界に足を踏み入れたのだ。同じ物理的空間に同時に存在している人間の位相とオオカミの位相。両者は平行して存在しているため、決して交わることはないが、しかしショーン・エリスは存在の軸足を完全にオオカミの位相に移すことで、オオカミの視座から見た世界を報告した史上初めての人間となったのである。この本に描かれたオオカミの生態を、従来の研究とは違うので信頼性に欠けると退けることはお門違いである。人間の位相から眺めた従来の生態研究と、オオカミの位相で目撃した彼らの生の姿では、必然的にその記述のされ方に相違が生まれてくるだろうからだ。要するに、この本は言語を操るオオカミによって書かれたような本だといえる。

本書は私にとって、とても刺激的な本となった。自分たちの世界の位相とは違う位相に入り込むという探検の手法を、ここまで徹底的に実践した人物を私は知らなかったからだ。私が昨年からはじめた太陽の昇らない極夜の旅も、できれば自分たちの知らない位相に入りこみたいと考えてはじめたものだ。私たちの住む昼と夜のある「日夜相」から、昼のない「極夜相」に徹底的に軸足を移すためには、ＧＰＳを使わないとか、長期間、人間と接触しないなどといった手法が非常に重要になってくる。それは地理的空白部や未踏峰といった目的地に到達すれば手段は問わないという、従来の地理的探検とは異なる、旅の新たな成功の条件である。どこかの地理的な一点に到達するのではなく、極夜の位相に深く入りこむことで、まだ知られていない地球の別の側面を発見しようという行為。それを単に旅と呼ぶか、冒険と呼ぶか、あるいは探検と呼ぶかは難しいが、しかし自分が一番面白みを感じている未知の部分に焦点を当てると、やはり探検が語義として一番ふさわしいように思う。

ということで私はまだしばらくは、渋々ながら探検家を名乗らざるを得ない。エクスプローラーと横文字に逃げたところでわけが分からないし、車の名前に間違えられそうである。子供じみたことをやっているようで恥ずかしいのだが、他に肩書がないのだから、これはもうあきらめるよりほかない。

結局のところ、私は探検家という言葉が今もまだ好きなのだろう。

読書日記2

『平原の町』『越境』

（2010・9・26）

コーマック・マッカーシー『平原の町』を読む。『すべての美しい馬』『越境』とつづく国境三部作の完結編だ。『馬』の主人公ジョン・グレイディがメキシコの若くて美しい売春婦に恋をし、結婚を決意するが、そこに売春宿の経営者エドゥアルドが立ちはだかる。

これで日本語に訳出されているマッカーシー本はすべて読んだが、この本が最も読みやすくて、リーダビリティーという点でも一番だと思う。マッカーシーの訳本は、句点をほとんど省き、会話文でもカギかっこを使わないという独特の文体で書かれているため、最初は非常にとっつきにくい。しかし『平原の町』は会話が多くテンポがいいこと、ストーリーがまっすぐで分かりやすいこと、マッカーシー作品を特徴づける神話的で重いエピソードが比較的少ないことなどから、スイスイ読める。

マッカーシー本に通底する基調は、人間の生が生としてあった失われた時代に対する郷愁だ。私たちは死、つまり生がある一定の時間の枠内に制限されているという事実により、価値や行動基準が潜在的に規定されており、そのことに対する絶対的な了解が根底にある。アメリカ的な社会と対比されるメキシコや、『越境』におけるオオカミに象徴される野生、あるいはインディアンの先住民族社会には、アメリカで失われつつある「生」がビビッドである社会が残っており、主人公はそうした世界との交流を通じて生きることとの意味を知っていく。マッカーシーが現代社会を舞台にした小説をほとんど書かないのは、誰もが反論しにくいような分かりやすい正義、世界はよくなるという楽観的な進歩思想に漂白された薄っぺらな今の世の中には、本物の生は存在しなくなったと考えているからだと思われる。

国境三部作の中では『越境』が最もマッカーシー的で重厚感がある。主人公のビリーは罠にかかったオオカミを助けることから、人生の新たな一歩を踏み出し、旅を始めるが、その中でオオカミは自然の摂理が支配する、人間が忘れた世の中の秩序を知った存在として描かれている。真理を象徴したかのような警句的なエピソードや文言が豊富にちりばめられており、読むのに時間はかかるが、読後感もすごい。聖書を読んでいるみたいな本だ。

『オオカミと人間』

（2010・9・28）

バリー・ホルスタン・ロペスの『オオカミと人間』を読む。マーク・ローランズの『哲学者とオオカミ』やコーマック・マッカーシーの著作など、最近感銘を受けた本の多くがオオカミがらみだったこともあり購入。期待にたがわない素晴らしい本だった。

赤ずきんちゃんや3匹の子豚といった寓話に象徴されるように、オオカミは西洋社会において、悪魔が乗り移った忌避すべき邪悪な生き物として扱われてきた。オオカミは野性に棲む自立した生き物に過ぎないのに、人間により過度に現実離れしたイメージがかたちづくられ、それが原因で、とりわけアメリカ合衆国では取り返しのつかない大殺戮《さつりく》が平然と行われた。

この本では科学的見地から見たオオカミの生態、インディアンやイヌイットなどオオカミとテリトリーを同じくする人々における関心、アメリカ大陸でオオカミはなぜ殺されたのか、神話や中世の西洋社会においてオオカミが果たした役割、などがひとつづきの物語となって語られている。もちろん主題はオオカミだが、一貫して人間について書かれた本だともいえる。オオカミに象徴される自然に対して、欧米人が歴史的にどのような態度で臨んできたのか、自然を文明と敵対する荒野と決めつけ、いかにオオカミがそうした人間側の獣性の生贄《いけにえ》とされてきたのかが深く理解できる。私たちは一体どのように自然へ対処したらいいのか、正義や主義で貫かれた安っぽい自然保護本やエコロジー関連の書籍に目を通すより、よほど深く考えさせられる。

バリー・ホルスタン・ロペスには『極北の夢』という著作も翻訳されている。知識と考察が深い上、筆致には抑制が利いていて、それでいて感性の豊かさを感じさせてくれる。事実はよく取材されており、見識ある結論にはついつい納得させられる。

なんだかグルメ本の料理紹介みたいなことを書いてしまったが、要するに、こちらも素晴らしい。北極について最も理解が深まる本かもしれない。

『奇跡の生還へ導く人』（2010・10・14）

ジョン・ガイガー『奇跡の生還へ導く人極限状況の「サードマン現象」』を読む。ヒマラヤや極地や大海原に挑んだ探検家や冒険家の中には極限状況に直面した時、自分とは別の人間がそばにいて、助けてくれる「サードマン現象」という不思議な体験をする人がいるという。南極のエンデュアランス号漂流で有名なシャクルトンは、最後にサウスジョージア島を横断する時に、仲間の3人以外の4人目の存在を感じていたし、史上最強の登山家ラインホルト・メスナーはナンガパルバットで弟のギュンターを失った後、同じような体験をしたという。極地のように環境が外界と隔絶されており、風景も動作も単調で、刺激の薄い日々が長期間つづくと、サードマン現象を体験しやすいという。

興味深かったのは、探検家や冒険家によるこうした体験と、宗教の始まりの間には、何らかの共通点がありそうだという指摘である。山野井泰史さんも言っているように、極限的な冒険は精神的な要素が強い行為である。現在だと、こうした現象を体験しても脳認知学や神経学、心理学による解釈で説明を試みるだろう。しかしもし、初期のキリスト教の修道士やチベット仏教の隠者が山岳や洞穴で瞑想中にサードマン現象を体験したら、そこに神や天使の姿を見るはずだ。つまり現代の探検家や冒険家が体験している状況は、世界の真理を見つけるために荒野に向かった昔の修道士や隠者の体験に近い、ということである。

かくいう私も、チベットのツアンポー峡谷を長期間、一人で探検している最中、あれは心身ともに衰弱しきった22日目のことだっただろうか、険しい岩壁をロープで下り、せまい岩場のテラスで一息ついた時、右奥のほうに白いぼんやりとした人間のかたちをした「存在」を、たしかに……感じなかった。正直いって、この本を読んで残念だったのは、自分がサードマンを見られなかったことである。確かな存在感があり、安らぎを感じさせてくれ、生きのびるためにはどちらに向かったらいいか、何をしたらいいか教えてくれる、それがサードマン。まったく信じがたい話であるが、どんな感じがするのか非常に興味がある。一度でいいから体験してみたい。

ちなみに著者のジョン・ガイガーは、最近読んだ極地ものの英書、『Frozen in Time』の共著者でもある。何だか、世の中せまいな、と思ってしまった。

『グーグル革命の衝撃』

（２０１０・10・18）

部屋の未読本コーナーに積んであった１冊『グーグル革命の衝撃』（ＮＨＫスペシャル取材班）を昨晩、一気読み。

グーグルが日本に上陸してから、ずっと私はグーグルのユーザーであったが、グーグルが決める検索順位のランクづけが社会に大きな影響を与えている現状には不気味なものを感じていた。若干、情報の古い本であるが、グーグル＝現代の情報革命がどこに向かって進んでいるのか、自分の中でもやもやとしていたことがよく分かる。

グーグルのビジネスモデルは個人の検索動向を把握することで、それぞれの個人の嗜好に合った、「的確」な広告を検索結果に連動させ、大きな広告収入を手に入れるというものだ。行きつく先はどうなるかというと、ジョージ・オーウェルが『一九八四年』で描いたような不気味な管理社会。オーウェルは当時、台頭していた共産主義が進行した結果としてビッグブラザーが支配する監獄社会を描いたが、すべての個人の消費動向を把握しようとするグーグルの目指す理想社会も、同じような結果をもたらすと同書は指摘する。

そういう意味では、最近の中国政府VSグーグルのバトルも、言論の自由を認めない伝統的、強権的な中国の共産主義的管理社会と、それとは正反対の資本主義社会から飛び出した、一見自由であるが、ひそかに個人の管理を進行させるグーグル的情報社会の激突と見れば、興味深い。いずれにしても私たちの未来は、国家か企業かに監視された窮屈な社会にしかならないらしい。

この本では、インターネットで安易に情報が入手できるようになったことの弊害もきちんと指摘されている。何かについて知りたいと思った時、インターネットがなかった時代は図書館に行き、資料を調べ、人に会って話を聞き、現地に行き現場を見るといった一連のプロセスが必要だった。そうすることによって、事前の予想とは異なる現状、今まで興味はなかったが調べてみると面白かったことなど、様々な寄り道が生じて、人間の知識に厚みが出た。しかしインターネットによる検索はピンポイントで知りたい情報が手に入ってしまう。合理的で便利だが、知りたいことしか知らない人間が増える。その結果、余計な知識や厚みのない薄っぺらな人間ばかりができ上がる。グーグルにより検索機能がますます便利になるにつれ、社会や人間から面白みが失われていく、というわけだ。

困ったことに、みんなそれに気づいている

のだが、便利だからグーグルを使ってしまう。かくいう私も相変わらずヘビーユーザーで、時々、検索ボックスに自分の名前を打ち込んで、日本社会における角幡唯介のポジションを確かめてみてしまったりする。アマゾンにもどっぷりはまっており、あれを買え、これを買えと、毎日うるさくメールが来る。

そういえばこの本も、アマゾンで買った。万歳！

（2010・10・21）

『Ice Blink』

北極のフランクリン隊関連の資料として、クックマン『Ice Blink』という本を読む。アマゾンにレビューがたくさん書かれていたので、一応、購入。それにしても私はアマゾンに毒されている。

フランクリンの探検隊は壊血病対策として缶詰食糧を大量に持ち込んだ。だが、缶詰工場の衛生面に非常に問題があり、探検中にボツリヌス菌が発生。それが隊を全滅に導いたというストーリーである。なかなか感心させられる指摘であったが、推測と事実がごっちゃになっていて、どこまで話を信用していいのかよく分からない。この隊の軌跡はほとんど分かっていないのだが、筆者は自分の想像を地の文で事実のように書いている。ノンフィクションというより、小説といったほうがいい。おまけにめちゃくちゃ読みにくい英語だった。

本日、チャールズ・フランシス・ホールの『Narrative of the Second Arctic Expedition』など分厚い英書4冊が届く。ホールのこの本はフランクリン隊に関するエスキモーの証言がふんだんに盛り込まれており、資料としては一番価値が高い（らしいことを最近知った）。首を長くして待っていた本である。

ただ問題は、645ページもあることだ。大学の時に一度も開かずに終わった経済学の教科書なみに厚い。いつになったら読み終わるのだろう。

『百年前の山を旅する』

（2010・11・17）

服部文祥の新刊『百年前の山を旅する』を読む。過去3作のサバイバルシリーズとは若干異なり、昔の登山家や荷役衆の足跡をたどることで、現在の登山や文明のあり方に批判的な視点を投げかけている。ただ山に登るとはどういうことかを考えている点は同じだ。

相変わらず秀逸な山岳ルポには脱帽。資料の読み込みや古い装備のことを詳しく調べる能力にも驚いた。ただ単に詳しく情報を引き出すだけにとどまらず、調査で知り得た昔の登山行為や冒険行の意味を物語に転換させている視点が鋭い。さらにそれが面白いところに、もっと感心させられる。「情熱大陸」しか見ていない人は、ただの危ない人という印象を受けるようだが、著書を読むと、頭のいい危ない人であることがよく分かる。

登山のルポは難しい。確固たる視点を持たずに山に行っても、そこには基本的に自然しかなく、対自然は対人間と違い会話などのやりとりがないため、文章にメリハリをつけるのが難しいのである。服部さんの山岳ルポが面白いのは、自然と対話し、そこから読者を唸らせる発想を得ているからだ。
近くにこういう文章がうまい人がいると本当に困りもんだ。

『人体冷凍』

（2010・11・23）

たまたま神保町の本屋の台車の上にあったラリー・ジョンソン、スコット・バルディガ『人体冷凍　不死販売財団の恐怖』という本を衝動買いした。恐ろしい本を買ってしまったものである。アメリカには、死後の人体を液体窒素で冷凍保存し、後世に復活させるアルコー延命財団という非営利組織があるらしく、この本はその財団の幹部ラリー・ジョンソンによる衝撃の内部告発だ。

とにかく内容が、このブログで書くのが憚《はばか》られるほどえぐい。財団の会員が死ぬと、財団はその頭部を切断し、特殊な医学装置につなぎ、液体窒素でマイナス196度に冷凍保存する。だが彼らは狂信的なカルト的人体冷凍保存至上主義者で、時には殺人も辞さないというのである。口絵には手術の模様を撮った写真が掲載されていて、非常にグロテスクである。財団のメンバーは明らかに倫理観が欠如した社会不適合者ばかりで、マイケル・ペリーなる人物は……、いや書くのはやめておこう。

著者は長年、救急救命士として活躍してきたが、新たな刺激を求め、この財団に仕事を替えた。だがこの財団のずさんな手術の方法や、薬品や人体の管理のしかたを見るうちに正体を知るようになる。冷凍保存をするために会員を殺害した例すらあったことも突き止め、その証拠集めに奔走し、最後は財団から命を狙われる。

驚くのは、内容が恐ろしくグロテスクなのに、著者の文体がとてつもなくユーモラスなことだ。こんな内容の本を、こんなに面白く書けるなんて、この著者の頭は一体どうなっているのだろう。

『腰痛探検家』

（2010・11・26）


高野秀行さんの『腰痛探検家』を読む。腰痛世界を密林やUMA探しといった辺境旅行に見立て、辺境作家である高野さんがその異次元ワールドを旅する仕立てになっている。腰痛に悩む自分を悪い男に騙された女子になぞらえたりといった比喩や、一見突拍子もない見立てが、読んでいるとなるほどと納得させられるほど的確である。

内容は腰痛に悩み、東洋医学から心療内科に至るまで、様々な治療を受けるというだけの話だ。それでも面白い本に仕立て上げるところが高野さんである。しかしそう考えると、結局、高野さんはどんな話を書いても面白くなってしまうわけで、そうするとわざわざ辺境なんぞに行く必要はないようにも思える。それは辺境作家としては、果たしてどうなのだろう。ひょっとしたら、そのへんの自己矛盾を本人も抱えているのかもしれない。

今度会った時は、ぜひそのことを訊いてみようと思う。ちなみに私も腰痛持ちで、おまけに頸椎《けいつい》ヘルニアもある。いつか腰痛対談ができたら面白いだろうな。

『誘拐の知らせ』

（2010・12・6）

稚内で停滞している間に何冊か本を読んだが、そのうちの1冊がG・ガルシア＝マルケスの『誘拐の知らせ』。

パブロ・エスコバル率いるコロンビアの麻薬密売グループ、メデジン・カルテルが90〜91年に引き起こした一連のジャーナリスト誘拐事件をテーマにしたノンフィクション。政府と麻薬密売グループとの抗争、腐敗した警察機構、社会崩壊といえるほど治安情勢の悪化したコロンビア社会の暗部を、世界的文豪が徹底した取材に基づきえぐり出している。政府側がエスコバルの投降を促すため、あの手この手で接触を試みようとする終盤が、最高に面白い。

本を読むと、治安の悪かった時代のコロンビアに行くことに恐怖を覚える。登山など自然を相手にした冒険行為と、こうした治安が崩壊した社会を旅する行為とでは、同じ危険行為でもリスクのあり方が異なる。

自然相手の場合、基本的にリスクコントロールは冒険者側が握っている。自然は過酷ではあるものの、そこには人間を襲おうという意思はないからだ。例えば雪崩をどう避けるか、この岩壁は自分の登攀能力で登れるのかといった判断は、自分の体力、経験、知識などをもとに下し、場合によっては撤退することもある。つまりゲームの主導権は冒険者側が握っているわけだ。

しかし、治安の極度に悪化した崩壊社会を旅する場合のリスク要因は、テロリストや麻薬密売業者といった現地の人間にある。リスク要因が人間にある場合、彼らには意思があるので、旅行者側がどんなに注意を払って行動をコントロールしても、ゲームの主導権は向こうに握られている。彼らが誘拐しようと思えば、それを防ぐために旅行者側にできることはそれほど多くはない。

自然相手の冒険の醍醐味は、孤立無援状況を自分の肉体と経験で乗り越えること、つまりリスクコントロールを自分の裁量の範囲で行うことにある。だから私は、リスクを自分でコントロールできないイラクやコロンビアといった地域に行くことに恐怖を感じる。目をそむけたくなるような殺され方をすることもあるし。

『A3』

（2010・12・15）


森達也『A3』を読む。麻原彰晃がなぜ、あのような一連の犯罪を犯したのかを真摯に見つめる内容だ。

カルトや狂信的テロ集団が生じるのは別に珍しいことではない。カリスマ性のあるリーダーと、閉鎖的な空間があれば、それはいつでも現れ得る。取材を通じ、森達也は煩悶を繰り返し、その煩悶を通じて取材対象の本質に迫っていく。麻原という絶対的な悪が生じたのはなぜか。そこを見つめなければ、私たちは結局、オウム事件から何も学ぶことができないのではないか。その姿勢に共感する。

森達也の本はいつ読んでも刺激的だ。どの本も大衆が権力性を帯びていくことに対する反抗が根底にあるような気がする。誰もが反論できないような分かりやすい正義、インターネットの発達や安直に大衆に迎合するメディアがそれを助長していく現在の日本の風景、それらに対して森達也はいつも疑問を投げかける。分かりやすい正義から漏れ落ちていく事実には、実は見つめるべき大事なものがあるのではないか。森達也はインタビューを通じて自分の弱さを赤裸々《せきらら》に書くし、相手の弱さも表現する。

こういう表現ができるのは、テレビの出身者であることが大きな理由になっていると思う。森達也の本は、常にシーンの連続だ。新聞記者はデータとして有用な内容ばかり重宝するから、シーンは不必要な情報として切り捨ててしまう。しかし映像を撮っている人はシーンの中に本質が表れることを知っている。ちょっとした仕種や表情の中に相手の本音を見つけ出す。だから森はインタビューの時に見たシーンを常に文章の中で表現しようとする。そこにノンフィクション作品としての完成度の高さを感じる。

本の雑誌の企画で高野秀行さんと対談。内容は「探検の時に使える本」ということだったが、探検の時には本を持っていかないということで意見が一致してしまった。こんなんで大丈夫なのだろうか。

（2010・12・23）

『戦禍のアフガニスタンを犬と歩く』

ローリー・スチュワート『戦禍のアフガニスタンを犬と歩く』を読む。極めて上質な旅行記だ。今年ナンバーワンの本だったかもしれない。

筆者は2001年、タリバン崩壊後のアフガンに入り、ヘラートからカブールまでのアフガン横断中央ルートを冬に徒歩で旅行した。冬の中央ルートを横断するのは極めて稀で、彼はムガール帝国初代皇帝バーブルの旅行記を参考にしながら、冒険徒歩旅行をつづけた。途中で巨大な犬（バーブルと名づけた）を仲間にくわえて。

読んでいて、とにかく知性の深さと余裕ある態度に感嘆させられる。行く先々で出会う人々との会話や態度、小さなモニュメントから文化的な遺産に至るまで、自分が見た風景のことごとくに、複雑極まりない多民族国家アフガニスタンの歴史的相貌を読み取っていき、そこに対峙した自分をユーモアあふれる文章で表現している。英国人が何より大事にするユーモアとは、このような命がかかった旅の中でこそ発揮されるらしい。タリバン崩壊後のアフガンの国情もよく分かる。

著者のローリー・スチュワートはオックスフォード大学在学中からウィリアム、ヘンリー両王子の家庭教師をつとめたというバリバリのエリート。イギリス陸軍、外務省、イラク暫定統治機構などで活躍後、ハーバード大学ケネディー行政大学院カー人権政策センター長になったという。確実に英国の将来を担う人材で、ひょっとしたら首相になって世界に影響力をおよぼしかねない人物だ。

こういう人物がキャリアの途中にアフガン徒歩旅行という冒険旅行に挑戦し、当たり前のように元のキャリアに戻っていくところが日本とは違う。チャレンジする価値への掛け値なしの同意が文化的深層にまで組み込まれているから、アングロサクソンというのは強いのだろう。20年ばかり経済が低迷したからって、あたふたして生気がなくなる日本とは、そのへんが違う。

『ハーモニー』

（2011・1・15）

伊藤計劃『ハーモニー』を読む。『虐殺器官』もそうだったが、物語の舞台設定に恐ろしくリアリティーを感じるところが、伊藤計劃の小説のすごいところだ。

『ハーモニー』の舞台は現代の政治的、社会的なパラダイムが影響力を失った、生命至上主義社会である。健康が最も価値を持った社会だ。生命至上主義社会において、人間は体内にインストールした分子機器で、病気やストレスの兆候を事前に読み取り、そのリスクを排除している。老い以外に死へのリスクはない。このようなリスク回避的な傾向は人間同士の関係性の中にも表れ、他者を傷つけるような言動、行為は、モラルとしてすべて避けなければならない。倒錯した慈愛に満ちた、窮屈で優しくて、生きにくい社会である。

このような社会を伊藤計劃は、不安定でリスクに満ちた自然を管理下に置こうとしてきた人間の歴史の必然であると捉えている。人間の肉体こそが、まだ管理できていない残された自然の一部であると定義し、ハーモニー的社会において、ついに人間は自らの肉体を完璧にコントロールすることに成功する。そして残された最後の自然は人間の意識である。意識をどのように封印するかをめぐり、小説は進んでいく。人間は自然の管理を進め、その結果、自らの肉体、意識までも管理下に置こうとして、そして人間であることをやめていくのだ。

今の日本の社会を覆う異常なまでのリスク回避的な傾向、健康への不健康なまでの傾斜を思うと、『ハーモニー』で描かれたような生命至上主義的な社会には非常に説得力を感じる。以前、フランシス・フクヤマは『歴史の終わり』の中で、現代の資本主義と民主主義こそ人間の社会制度の最終的な姿であり、その意味で歴史はすでに終わっているとの論を展開したが、伊藤計劃の小説は完全にその先を行っている。夭折が惜しまれる。

『苦役列車』

(2011・1・31)


西村賢太『苦役列車』を読む。いわずと知れた芥川賞受賞作。まだ表題作しか読んでいないが、職人芸的に面白い日本語だ。読んでいて、思わず笑ってしまう小説である。下ネタ的な描写が少なくないので、女性が読んでどう思うのかは不明であるが、男なら楽しめる。

簡単にいうと、うだうだと自分がいかにダメかを書いているのだが、ひとつひとつの言葉の中に高度なユーモアがあふれている。ユーモアというのは、周囲の状況から自分を外に置いて客観視し、自分を笑えないと生まれない。さすがに平成の私小説家だけあって、自分の客体化はほとんど芸術の域に達している。

個人的には、こういう文体って理想的だなと思った。ぜひ読んでもらいたい、男には。

『フェイスブック　若き天才の野望』

（2011・2・9）

映画「ソーシャル・ネットワーク」を見て、フェイスブックの創始者マーク・ザッカーバーグという人間に興味がわいたので、その日のうちにこの本を購入。つい先頃まで読んでいた。

著者のデビッド・カークパトリックはフォーチュン誌のライターで、かなりザッカーバーグに食い込んでいるらしい。この本を読むと、「ソーシャル・ネットワーク」のほうはかなり作り込んでいるらしいことが分かる。映画のほうは大学の寮のルームメイトであるエドゥアルドという親友との友情と別れ、そして確執がフレームアップされているが、本を読むとどうやらエドゥアルドはルームメイトではなかったらしく、資金提供者ではあったが、フェイスブック創業時における欠かせないキャラクターというわけでもなかったようだ。

また映画では元恋人に振られた腹いせに、大学の女性の顔写真を二つ並べてどちらが「ホット」かを選ぶサイトを作ったことがフェイスブック創業の伏線になったかのように描かれているが、そのへんの女性をめぐる人間的なドラマがあったのかどうかも、この本では分からなかった。

とにかくザッカーバーグは要所要所のビジネスチャンスで的確な判断をし、フェイスブックは随所で間違いのない新機能を追加。彼には高邁《こうまい》な理想と成功への確かなビジョンがあり、その結果、5億人とかいうとんでもない会員数を誇る化け物サイトになったらしいが、そんなことは私にとってはどうでもよかったので、100ページほどを残して読むのをやめた。

もっと創業時にどのような人間的なやりとりがあったのかが書かれていれば、面白かったのに。結局、ザッカーバーグがどれほどえぐい人間なのかというのは、さっぱり分からなかった。そういうのが読みたければ、西村賢太でも読めということだろうか。

ちなみに私も1年ほど前に、ちょっとした手違いでフェイスブックの会員になってしまっているが、一度も使ったことはない。それにしても、会員になって1年も経つのに、友達のリクエストメールが4、5人からしか来ていないのは、一体どうしたことだろう。しかもその全員が、すでに知り合いである。知り合いから友達になりませんかと言われても、さっぱり世界が広がりそうもないので、申し訳ありませんが、返事をしてません。この場を借りて謝ります。

あとフェイスブックを使うと、どのようないいことがあるのか、誰か教えてください。

(筆者注・現在はフェイスブックの会員登録を削除しています)

（2011・2・15）

『暗渠の宿』など

『苦役列車』に衝撃を受け、西村賢太を連続読みする。こんなに読んでいてニヤ笑いが止まらない本は、ジョン・クラカワーの『エヴェレストより高い山』以来である。

西村賢太の小説は簡単にまとめると三本仕立て。風俗に行って性欲を処理しつつ本当の彼女が欲しいと嘆く話と、藤澤清造に対する敬慕の話と、滝の川のマンションで同居した女へのDVの話の三つである。実生活のほうは最悪だが、文体が自分を揶揄《やゆ》的に表現したユーモアのあるものなので、一気に読ませる。

特に滝の川の女の話はまったく最悪で、よくこんなことが書けるなと思いつつも、ページをめくる手が止まらない。それぞれの短編の途中でこの女との最終的な破局は示唆されているのだが、女を殴って逃げられてはまた仲直りをするというのを何度も繰り返し、破局をなかなか迎えず、読者を引っ張る展開となっている。ひとつの短編を読み終わるたびに、おい、まだこの女とつづくのか、と思わず突っ込みを入れたくなってしまう。

また、同じようなエピソードがいろんな短編の中でちりばめられているので、この話はこの前の話のあのエピソードね、みたいに読んでいて各短編が連環してつながっていくのも、私小説ならではの面白みである。読んでいくうちにどんどん世界が広がっていくような深みがあるのだ。

ただ世界が広がっていくといっても、西村賢太の人生について詳しくなるだけで、別にフェイスブック的な豊かさがもたらされるわけではないので、そこのところは間違えないほうがいい。あと、西村賢太の小説を持ち上げると、全世界の女性を敵に回すような危惧を抱くのは、私だけだろうか。

『宇宙創成』

（2011・3・1）

サイモン・シン『宇宙創成』を読む。古代ギリシアの哲学者たちが考え出した宇宙観が、科学史的な暗黒時代だった中世を経て、いかに現代のビッグバン宇宙論にまでたどり着いたかを、シン独特のどんな科学音痴でも理解できる巧妙な語り口で紡ぎ出している。

高校時代、数学や化学はいつも赤点、化学に至っては隣の生徒の答案をカンニングしたら、そいつが予想以上に出来のいいヤツで、自分もついでに学年5番くらいの点数を取ってしまったことがあるほどの理系音痴の私でも、アインシュタインの一般相対性理論を理解できたような気になるからサイモン・シンは恐ろしい。

昔、シンのデビュー作『フェルマーの最終定理』を読んで、数学者というのは何てカッコいいんだろうと感銘を受けたことがあったが、今回もどうして自分は宇宙物理学者の道を志さなかったのか、と少し後悔した。このブログを読んでいる少年少女は（おそらくいないだろうが）、探検家ではなく宇宙物理学者を目指すことをオススメする。

ちなみに現在、北極圏バフィン島の町イカルイットに滞在中。気温はマイナス25度から35度ほど。今のところ寒さよりも空気が乾燥していることのほうがつらい。カナダ入国以来、のどの痛みが治まらない。この国の人ののどは一体どうなっているのか、不思議でしかたがない。

明日から訓練のため、ちょっと長めのキャンプ生活に突入する予定である。

『空白の五マイル』とロジャー・ウェイド

（2011・7・26）

25日午後5時頃、私はふと自分の『空白の五マイル』という本を手に取り、やおら読みはじめた。この本の原稿を校了したのは昨年の9月か10月のことだと思うが、それ以降、まったく読むことはなかった。たぶん読んだら、なんでこんなひどい文章の本を出したのだろうか、取り返しがつかないことをしてしまったと、自己嫌悪に陥るのが目に見えていたからだ。

もうすっかり酔っぱらってしまい、昨日に限ってなぜ自分の本を読んでみようと思ったのかは、もはやまったく思い出せない。しかし、ここでこんなことを書くのは恥ずかしいのだが、実は、読んでみると、私は自分の本を、意外と面白いじゃんと思ってしまい、そのまま30分ほど熟読してしまった。恥の上塗りで白状すると、インスタントコーヒーのコマーシャルに出たかったというくだりなどは、読んでいて思わず、ニヤッと笑ってしまった。ええ、すいません。

しかし、突然、チャンドラーの作品の中にあった一節を思い出し、へらへら自分の本を読んでいる姿にゾッとした。チャンドラーは『ロング・グッドバイ』の中で、空疎な内容のエンターテインメント作品しか書けないベストセラー作家ロジャー・ウェイドに、次のように語らせているのだ。

「自分が駄目になったということを、作家はどうやって知ると思う？」「インスピレーションを求めて、過去に自分が書いたものを読み返すようになったら、もうおしまいなんだ。それが絶対的基準だ」（村上春樹訳）

チャンドラーのおかげで、私は自分の本を放り出し、正気に戻ることができた。もう二度と『空白の五マイル』を読むなんてことはしないぞ、と心に誓いながら。

どうでもいいが、『ロング・グッドバイ』は文庫本をカナダに持っていき、帰りのバンクーバーで読んだ。私はこの本が大好きで、通読するのは確か4回目くらいになる。しかし記憶力が悪いので、今回も犯人が誰だかすっかり忘れていて、初めて読んだ時のように楽しめた。

『オスカー・ワオの短く凄まじい人生』

（2011・7・30）

ジュノ・ディアス『オスカー・ワオの短く凄まじい人生』を読む。アマゾンで自分の本を見てみると、私の本を買ってくれた人の中には、この小説を買っている人が多いらしく、ついでに私も買ってみた。自分の本との共通点などはよく分からなかったが、最高の小説であることは分かった。

デブでオタクで女にもてないけど、セックスには人一倍関心がある、ドミニカ系アメリカ人、オスカー・ワオが主人公だが、オスカーが主人公として登場するのは最初と最後だけだ。小説の大部分は姉や母、祖父といった一族の物語が占めており、オスカーの悲しい人生へと連なる一族の呪いに縛られた歴史と、それをもたらした独裁者トルヒーヨの残酷な圧政ぶりをあぶり出す。

オスカーの物語が、オスカー自身からではなく、家族や友人の口を通して、しかも時折、彼らの物語に登場するあくまで遠景の人物として描かれていることにより、哀切を誘うオスカーの人生が、より客観的に浮き彫りにされている。とりわけ、この物語の作者に設定されている親友ユニオールの口から語られるオスカーの表情には異様なリアリティーがあり、思わず彼が隣にいるような感情移入を強いられた。

ラストは圧巻。自分の運命に身を投げ出すかのように突っ走っていくオスカーに、悲惨なにおいをかぎ取り、いやおうなしに引き込まれた。そして彼自身の口からついに語られることになる最後の一言に、救われた気がしたのと同時に、呆然としてしまった。

こういう本を読むと、自分はもう文章を書くのはやめようと思ってしまう。まったく、すべての人に読んでもらいたい傑作だ。いや、ほとんどすべての人だ。

（2011・8・23）

『ヤノマミ』

大宅賞を同時受賞した国分拓『ヤノマミ』を、今さらながら読む。NHKスペシャルの映像のほうは放映時に見ていたので、本のほうも出版直後から、ずっと気になってはいた。だが、Nスペがあまりに強烈だったことと、周りで絶賛する人が何人かいたので、そんなものは読むべきではないと思っていたのだ。何せ秘境もののノンフィクションで、かつ同じ日本人。どうしても自分の作品と比較してしまう。自分の書いていることがつまらなく感じてしまうことが怖くて、どうしても手が出なかった。

読んでみて驚いた。うすうす想像はしていたが、この本には私がツアンポー峡谷で感じたことと、まったく同じことが書かれていた。国分さんはヤノマミという昔ながらの生活スタイルを守っている先住民との濃厚な接触を通じて、自然の中にしか存在しない生と死に関する唯一の確かなことを知った。私は同じことをツアンポー峡谷における過酷な単独行を通して知った。ただし、『ヤノマミ』のほうが、生身の人間の行為や儀式を描くことでそれを表現しているので、読者にはストレートに伝わりやすいのだろう。冒険という行為を通じて表現すると、どうしても抽象的になってしまう。

この本のことを、文化人類学的な視点で描いていると書いた書評や感想をいくつか目にしたが、私にはそうは思われなかった。むしろ学術的な記述を用いてヤノマミ族を解釈することを、つとめて避けているように感じた。生のまま人間が空っぽの受信体となり、受けた印象や衝撃、垣間見たシーンを、テレビモニターに映し出すかのように、分かりやすい文体で表現したことが、この本が成功した理由だろう。

ちなみに現在、北海道の実家にいる。小さい頃に住んでいた家――今は空き家となっている――を、十数年ぶりに訪れ、打ちのめされた。

『これが見納め』

（2011・8・24）

『銀河ヒッチハイク・ガイド』で有名なダグラス・アダムスの『これが見納め』を読む。マウンテンゴリラ、キタシロサイ、ヨウスコウカワイルカなど絶滅危惧種を見るため世界中を旅行したルポ・エッセイ。邦訳版が発売されたのはこの7月だそうだが、著者は2001年に亡くなっており、原著の初版刊行は1991年だという。20年前の作品なので、ニュージーランドで電話のダイヤルが反時計回りだとか、細かい部分で時代のギャップを感じる。

『銀河』を読んだ時、個人的には、この人のユーモアのためのユーモアみたいな文体があまり好きになれなかったが、この本では、その過剰なユーモアが、動物たちの本質を正確に記述するための有効な手段となっている。もちろん、アダムス独特の、一見斜に構えた、深い洞察があってのことだが。一番よかったのはゴリラの章。ゴリラの迫力と知性を描写した部分は最高だ。

アダムスファンと旅本好きには、格好の本だろう。

日々本本 3

ノンフィクション国内篇

旅に向かわせた一冊

高野秀行『西南シルクロードは密林に消える』を読む

本が旅を作る、ということはたしかにあるように思われる。

読書をする。すると本に書かれていた内容が、自分の中に眠っていた過去の旅の経験を刺激し、新たな行動を呼び起こす。実際に旅に出ないまでも、本を読むことで旅への衝動をかき立てられた経験は多くの人にあるに違いない。その意味で本はしばしば旅と旅、行動と行動とをつなぐ触媒のような働きをすることがある。

しかし、本の持つ力はそれだけにはとどまらない。それは旅というものが持つ性格と深くかかわっている。旅とは日常生活が営まれている領域から別の領域へ軸足を移す営為だといえる。私たちは誰でも異なる文化、違う言葉を話す人々、今とは別の時間の流れ、そういったものを求めて旅に出る。普段とは異なる空間と時間に身を置くことで、自分という存在を改めて相対化して見つめることもできる。要するに旅とはそういうものであり、日常からの逸脱は旅が旅であるための最低条件だといえる。だとすれば、そのような旅を喚起する本というものには、必然的に読者を日常的な生活から逸脱させる力が宿っている、ということもいえるはずだ。
だから本を読むことは危険でもあるのだ。それまでの人生をなげうって旅に出てしまうことがあるのだから。

私にとって『西南シルクロードは密林に消える』という本は、まさしくそのような本であった。

この本が発売されたのは私が二十七歳になったばかりの頃だった。ちょうど大学を卒業してからの二年間のアルバイト生活に見切りをつけ、記者として新聞社に入社する直前のことである。

この本を見つけた時のことはよく覚えている。池袋のジュンク堂本店一階にある新刊コーナーに平積みになっていたのを、たまたま目にしたのだ。印象的なカバーデザインとタイトルに目を奪われた。カバーには、靄《もや》の立ち込めるジャングルの中を二頭のインド象がのっそりと歩いている写真が使用されており、いかにも辺境モノの本といった装いだった。そしてどこか終わりが見えないような、人の気を引くタイトル。西南シルクロードというのがどこにあるのか知らなかったが、インド象の写真と「密林に消える」という言い回しから、アジアのどこかにある歴史的な古道であることは何となく分かった。

一番の驚きは著者名を見た時に訪れた。なぜならそこには「高野秀行」と書かれていたからだ。この本を見た瞬間、私は直感的に次のように考えた。もしかすると高野さんはとんでもない探検をやらかしたのではないか？

高野さんは私の大学の探検部の先輩にあたる作家である。現在はノンフィクション作家という肩書で活躍しているが、当時は辺境作家と名乗っていた。肩書こそ変わっているが、海外のいわゆる辺境を探検し、それをノンフィクション作品として面白おかしく書くというスタイルは現在も一貫している。現役の学生部員の時にアフリカのコンゴの湖に棲む謎の怪獣を探しに行き、それを『幻獣ムベンベを追え』というとても面白い本にまとめてプロのライターとしてデビューを果たした。それ以降もアフリカや南米やアジアの奥地に足しげく通っており、現在の日本では数少ない本格的な探検家の一人である。

年齢は私より十歳ほど上で大学時代に在籍がかぶっていたわけではないので、『西南シルクロード』が発刊された時もお互いに面識はなかった。上の先輩からはよく、語学の天才であり、卒業時も当然就職など眼中になく、フリーランスのライターとして今も大学近くのボロアパートに住みつづけ、なかば食い詰めながらも辺境へのこだわりを失っていないと聞かされていたので、人生を探検に賭けた本物の男といった印象を私は抱いていた。現役の学生という立場からすると、会ったら「お前、何がしたいの？」とか訊かれそうで、少し怖そうな先輩といったイメージだ。顔見知りではないが、先輩探検家としてひそかに畏敬している存在だった。

その高野さんがアジアの密林を舞台に派手な踏査行をやらかしたようだ。『西南シルクロード』のカバーを見た時、これがそういう本であることはひしひしと伝わってきた。池袋の本屋で私の心はざわついていた。

おそるおそる私は本を開いた。すると表紙の見返しには、高野さんが探検で踏査した地図が描かれていた。それを見ると、どうやら中国南西部からミャンマー北部を横断し、インドのカルカッタまで抜けたらしい。本当かよ、と私は思った。

というのも、そのルートのすぐ近くにあたるインド北東部からチベット南東部にかけての山岳地帯は、当時の私が自分の探検の対象と考えていたフィールドだったのだ。見返しの地図を見る限り、高野さんはその私の縄張り（と自分で勝手に思い込んでいた地域）のかなり近いところを探検したみたいだ。そこで一体何をしたというのだろう？

明らかにこの本は読むのが恐ろしい本だった。自分がやりたかったことをやられた可能性が高かったからだ。本屋でページをめくった時点で、『西南シルクロード』が私の心情の最もザラリとした部分に触れる本であることは確実だった。心のざわつきは間もなく息を呑むような緊張感に変わった。やや大げさに書くと、私はその時、この本と斬るか斬られるかの緊張感の中で対峙していた。周囲の誰にも気づかれない中、あの時、本屋の片隅で私の人生は変わろうとしていたのだった。

読まないという選択肢がないこともなかったと思う。しかし気がつくと私は本をひったくるように手に取ってレジに向かっていた。そして家で開いて、予想通り打ちのめされた。

西南シルクロードというのは、中国の四川省にはじまり、ミャンマー北部の密林を通ってインドに達する知られざる絹の道だ。四川省は古代シルク産業の中心地であり、古い説をとると西南シルクロードの発祥は紀元前一千年までさかのぼるという。

しかもこの失われた道の踏破に成功した人間は第二次世界大戦以降、誰もいない。そもそもミャンマー北部は独立ゲリラの実効支配地であり、またインド北東部も政治的に封鎖されており入域が著しく困難な地域だ。さらに疫病と害虫が蔓延る世界有数の密林地帯で、自然環境のほうも相当過酷な地域である。

高野さんの旅は中国とミャンマーの国境を越えるところから本格的にはじまった。西南シルクロードの主要部分を占めるミャンマー北部は政府の力がおよばず、その地域を支配する少数民族ゲリラの力を借りなければ入域することはできない。もともとミャンマーの他地域で活動するゲリラに知り合いがいたので、その伝手《つて》でミャンマー北部を支配するカチン族のゲリラに接触する。要するに彼らの手引きでミャンマーに密入国しようというわけだ。首尾よくミャンマー国内に潜入することには成功したが、しかし旅はそこから一気に思ってもみなかった展開をたどることになった。西南シルクロードといってももはや道など存在しない。計画の時点では自動車やボートを使って移動する予定だったが、道がないので結局徒歩でジャングルを行進することを強いられたのだ。ヒルが蠢く雨季の熱帯雨林の中を何と二カ月にもわたって歩きつづけ、ようやくミャンマーとインドの国境まで達するのだ。

しかし旅がそこで終わったわけではなかった。何しろミャンマーに密入国したわけだから、パスポートの記録上はまだ中国にいることになっていた。もともと車で移動する予定だったので、インド国境からは往路を戻って中国に再び密入国するつもりだったという。しかし実際にはじまってみると長期にわたりジャングルで想定外の徒歩行進を強いられ、もはや中国に歩いて戻る気力も体力も残されていない。結局、高野さんはそのままインドにも密入国することを決断し、今度はナガ族という別のゲリラの手引きにより西南シルクロードの終着地であるインドに到達したのである。もちろんインドに着いたからといって身の安全が確保されたわけではなかった。インドの国法を犯して不法入国したのだから、彼はまぎれもなき犯罪者であった。そのインドからどうやって出国できたのか、その最後のドタバタがオチとなり波瀾万丈な旅の物語は終幕を迎えていた。

読み終わった時、私は激しい嫉妬を覚えていた。探検部に入って以来、一貫して私がやりたかったのは、こういうことだったのではないかという気にさせられていた。

この本を読むまで私は高野さんのことを自分の探検の競合者として意識したことは一度

もなかった。探検という同じ言葉で括《くく》られる行為を行っているにしても、志向する系統が違うような気がしていたからだ。

探検というのは極めて漠然とした行為をさす言葉である。登山なら山の頂上を目指すという、その行為を定義する具体的な縛りがあるが、探検には未知を目指すという抽象的な縛りしかない。だから何を探検するのか、その対象は探検をする個々人の志向性やイメージによって大きく左右される。

探検部員時代の私が探検という言葉を聞いて真っ先に思い浮かべたのはジャングルを歩くイメージだった。ジャングルをかき分け、激流を渡渉《としょう》し、岩壁を乗り越え、未知の世界を練り歩く。それが私にとっての探検であり、私はそのイメージにずっと拘束されていた。探検のような抽象的な行為をする場合、理屈よりもこうしたイメージが強い力を持つことがある。私にとっての大学生活とは、このイメージ通りの探検を実現できる場所を探すことと、そしてそれを実行できるだけの実力を養うこと、ただそれだけのためにあったといっても過言ではなかった。主に北極に通うようになった現在でさえ、私はジャングルへの憧憬を持ちつづけている。それぐらい原初的なイメージの拘束力は強いのである。

私は、高野さんという人は、私が目指すこうした探検とは別の探検を志向している人だとばかり思っていた。それはデビュー作である『幻獣ムベンベを追え』に代表される未知生物の探索や、『アヘン王国潜入記』のような、東南アジアにある世界有数のアヘンの生産地に潜入するといった、一連のユーモアたっぷりのルポルタージュに象徴されていた。失礼を顧みず書かせてもらうと、当時の私が志向していた探検は十九世紀のヴィクトリア朝の英国人がやっていたような古典的な地理的探検の世界であり、いわばど真ん中の直球だったが、高野さんが志向していたのは、ストライクゾーンぎりぎりを狙う、やや柔軟な変化球だと思っていた。だから高野さんの本を読むたびに、面白いなとかすごいなとかいう感想を持ったことはあるが、悔しいと思ったことは一度もなかった。自分がやりたいこととと違うと思っていたからだ。

しかし『西南シルクロード』はそうではなかった。この本で高野さんは、たとえ本人が意図しなかったにせよ、ど真ん中のやや高めに剛速球を投げ込んできたのだ。しかもその球は、私のそれよりもはるかに速いスピードで唸りをあげていた。たしかに若干ビーンボール気味だったといえなくもないが……。

もちろん『西南シルクロード』を読んでショックだったのは、ただ単に探検の志向の問題があったからだけではない。自分の具体的な探検の実績と比較して、その上で負けたと思ったのだ。

実をいうと私がこの本を読んだのは、大学時代から人生最大の目標と決めていたチベットのツアンポー峡谷の探検から帰ってきたばかりの時だった。

ツアンポー峡谷というのはヒマラヤ山脈の東の果てにある世界最大の峡谷である。十九世紀の時代から英国の有名な探検家が何人もこの峡谷の最奥部を目指したが、いずれも険しい地形や密生する植生に阻まれ、あと一歩というところで撥《は》ね返されてきた。政治的に入域できない期間が長かったこともあって、二十世紀後半になっても地図の空白部が残っており、いってみれば探検が探検であった時代の課題が残っている世界で最後の場所だった。大学生の時にその存在を知った私は、絶対にいつか自分がツアンポー峡谷の空白部の完全踏査を行うと固く心に誓い、一度偵察のため現地を訪れたこともあった。この峡谷が持つ歴史的なロマンや技術的な困難さも魅力だったが、それよりもそこが密林に覆われた山岳地帯で、激流を渡り、岩壁を乗り越えなければならないという、自分の探検のイメージと合致している場所だったということが、私にとっては最大のモチベーションの源泉になっていた。

大学を卒業した後も私は常にツアンポー探検を狙っていたが、実現しないまま一年半が過ぎ去った。そして新聞社に入社が決まった時、私の脳裏に浮かんだのは、自分はまだツアンポー峡谷の探検を行っていないということだった。ひとたび入社してしまえば、会社を辞めない限り、そのような危険な旅を実行できるとは到底思えない。ツアンポーの探検を放置したまま新しい人生に踏み出すことなど私には考えられなかった。やると決めたことをやらないで放置することは、自分の前半生の完全なる否定につながるとしか思えなかったからだ。結局、私はこの地域の入域に必要な許可証をひとつも持たず、単独で峡谷を探検することにした。

現地に到着したのは二〇〇二年十二月だった。『西南シルクロード』を読むと、高野さんはその年の十二月二十四日にこの本のあとがきを書いている。奇遇にも、ちょうど同じ日に私はツアンポー峡谷の単独探検を開始し、夜中に急峻な崖で腐った木の根を踏み抜き滑落して死にそうになっていた。その後の探検の詳しい経緯は省くが、かろうじて生き残った私は翌年の二月までツアンポー峡谷に留まり、執拗《しつよう》に峡谷の探査をつづけた。そして過去の探検家たちが踏破できなかった空白部のほとんどに足跡を残すことに成功し、かなりの満足感を持って帰国した。その時の私には自分のような体験をした人間が他にいるとは考えられず、何でもできるという自信と、どうだ、という自負があったのだ。

しかしその満足感は束の間だった。帰国してから間もなく『西南シルクロード』を読み、そのような自負は粉々に打ち砕かれたのである。

西南シルクロードはツアンポー峡谷よりもわずかに南にあるだけで、同じように密林に覆われた山岳地帯だ。それだけに私は自分の探検と高野さんの探検とを比較せざるを得なかった。その結果、どう考えても高野さんの探検のほうが私のよりも激しくて乱暴で、そして魅力的であるように思えた。私がツアンポー峡谷で明らかにした未知など、それがたとえどれだけ困難なことだったにせよ、たかだか二十キロとかその程度に過ぎなかった。

一方、西南シルクロードは未知のジャングルの世界が何百キロとつづいていた。

おまけに二度にわたる密入国。国家という体制をあざ笑うかのようなその行動は、まだ二十代の感受性の鋭かった私にはとても反体制的で冒険的に映った。私も許可を得ていなかったが、そんなものはたかだか中国国内の一地域を通行するための許可証に過ぎず、国境を無断で越えることが持つ重大犯罪性に比べると、ひどく矮小《わいしょう》でつまらないような気がしたのである。

読んだ直後に私が思ったのは、これは新聞記者なんかやっている場合ではないということだった。しかしその時は入社を思いとどまるという選択をすることはできなかった。私にはまだライターとして生きていくだけの気構えができていなかったのだろう。その後、記者になり何回も他社の記者に特ダネをとられて悔しい思いをしたが、それでも『西南シルクロード』を読んだ時ほどの激しい嫉妬を味わったことは一度もなかった。

結局、私は新聞記者を五年間つとめた後、会社を辞めて再びツアンポー峡谷に向かうことになった。それは、ツアンポー峡谷でやり残したことがあったような気がして、それへの執着があまりにも強くなってしまった結果ではあったが、それとは別に、心の中では常に『西南シルクロード』への過剰な対抗意識がないわけではなかった。五年間、新聞記者を経験したことで、退社時にはフリーの物書きとして探検をして本を書くことを明確に意識していただけに、目標としての『西南シルクロード』はいよいよ存在感を増すばかりであった。あれを超える探検をして、もっと面白い本を書きたい……。この本に対するそうしたルサンチマンを、実際に探検部OBたちに口にしていたし、そのことは高野さんの耳にも入っていたらしい。

その意味で『西南シルクロード』が私の人生を転換させる引き金のひとつになったことは間違いない。この本がなかったら、私は今でも新聞記者をつづけていたかもしれないのだ（そう考えると、この本は私にとって非常に迷惑な本だといえるのかもしれない）。

退社してから再びツアンポー峡谷を探検した私は、その二回にわたる探検行をまとめて『空白の五マイル』という本を書いた。その後も本格的な探検ルポを二冊上梓したが、しかしとてもではないが、『西南シルクロード』を超えることができたとは思っていない。

この本を超えたいと思って探検をしている節が、私には今もなくはないのだ。

恥ずべき原点

金子民雄『東ヒマラヤ探検史』を読む

ある夏の暑い最中のことである。私はもう居ても立ってもいられなくなって南アルプスに沢登りに出かけた。

その年はゴールデンウィークに北アルプスの剱岳を登って以来、取材や執筆が忙しくなってすっかり山から足が遠のいていた。私の場合、山に行かないと肉体的な張りがなくなるだけでなく、精神的にも弛《たる》んできて、このままでは自分は探検家として使い物にならなくなるのではないかという危機感が募ってくる。山や北極に比べると都会での生活はどこかフワフワしていて生きていることの臨場感に欠けるので、定期的に自然の中で、多少大げさにいうと生き死ににかかわるような緊張感に触れなければ日々の生活でも調子が失われてしまうのだ。つまり自分が生きていることを確認するためには時折山に行かなければならない。本来なら週に一回ぐらいのペースで山に行くのが望ましいところなのに、三カ月も山から離れるなんて考えられないことである。

というわけでストレスが溜まり切っていた私は、これ以上、山に行かないと仕事にも生活にも悪影響が出ると判断し、絶対に四泊五日の日程で山に行くと主張して、腹に子供を抱えた妻との交渉を開始した。探検家なんぞ廃業してサラリーマンにでもなればいいのに……ぐらいのことを考えている妻にとってみれば、はっきりいって私の危機感などどうでもいいことなのだが、それでも彼女は私の決意が断固としていることを表情から読み取ったのか、もはや夫が山に行くのはやむなしと考えたらしく、私の要求を渋々と認めた。だがそれでも簡単には引き下がらず、執拗に「五日はいくらなんでも長いから三日にしてよ」と得意の条件闘争に引きずり込もうとする。しかたなく最後は私もほとんど駄々をこねる子供みたいに手足をばたつかせて「ヤダ、ヤダ、絶対に五日間行く」と振り切って、唖然とする彼女を尻目にまんまと新幹線に乗りおおせたのだった。

山といっても今回は沢登りである。沢登りというのは、山の尾根と尾根との間を流れる渓流を、濡れても滑らない専用のフェルト底の足袋や靴を履いて遡行《そこう》する登山の一形態といえる。湿潤な気候と広大な森林の中を渓流が流れる、そのような日本の風土に根差したわが国独特の登り方だ。当然沢には頻繁に滝や淵が出てくるのだが、乾いた岩にハーケンを打ってしっかりした支点を取れる岩登りと違い、沢の滝や岩壁は汚い泥や藪草に覆われ、登るための支点が取れないことが多く、そのためうっかり足を滑らせて滑落するなどといった事故が割合頻繁に起きる。

そういえば大学生だった頃、友人と後輩の三人で越後の沢に行ったことがあった。確か二日目に二十メートルぐらいの滝が現れたのだが、そこも例によって泥壁に覆われていたので、われわれはやむなくロープを出さずに登ることにした。ほとんど垂直に近い滑りやすい泥壁を、はがれてしまわない程度の微妙な力加減で頼りない草の根を摑みながら、バランスを保って手足を上に進めていく。落ちたら死ぬ……という脂汗が滲《にじ》むような緊張感の中、私は何とかその泥壁を登り切った。だが振り返ると、すぐ後を登っていたはずの後輩の姿が見当たらない。あわてて滝の落ち口から下をのぞき込んでみると、何とその後輩は滝壺の脇の岩の上で大の字になり、ピクリともしないで横たわっていた。さすがにその時は私も、ああ、俺は後輩を一人死なせてしまった……と愕然とした。幸いにもその後輩は腰椎を骨折し、膝に巨大な裂傷を負っていたものの、命に別状はなく、翌日私が一人で下山してヘリを呼んで無事病院に収容してもらった。このように沢登りとは地味なのであるが、その一方で大変危険な活動でもある。

今回登ってきたのは静岡県を流れる大井川の源流部である。西武池袋線の最寄駅を早朝に出発した私は新幹線で静岡駅まで行って、畑薙《はたなぎ》ダムまでの登山バスに乗り、午後二時頃に遡行を予定している明神谷という沢に到着した。沢の脇には水汲み場があり、そこの横で立小便をしていると、林道に二台の車が停車し、大きなポリタンクを持ったおばあちゃんが孫らしき二人の子供を連れて下りてきて、「ここは神様のいる川だから、おしっこしたらダメなんだよ」と怒られたところから、今回の山旅はスタートした。

二日目の昼頃に明神谷を登り切り、深い緑に覆われた尾根を越えて、北側にある信濃俣《しなのまた》河内《がっち》という別の沢に下りた。信濃俣河内も足早に一日で通過し、また別の尾根を乗り越えて、今度は寸又《すまた》川の源流にあたるリンチョウ沢に向かう。藪をかき分け、泥壁に這いつくばり、淵を泳いで滝に取り付いて水をザブザブと浴びながら登り、夕方になると焚き火を熾し、途中で釣った岩魚《いわな》を塩焼きにして飯を食べる。ずぶ濡れになった衣服は着たままの状態で乾かし、やることがなくなったら適当に焚き火の脇でごろ寝をする。朝になると灰の中から炭を集めて、また火を熾して飯を食べて出発する。もちろんウンコをする時はティッシュなんて贅沢なものは使わず、沢の水でごしごしと手で拭き取るというインド式のシンプルなスタイルである。拭き終わった後は手を洗って、そのまま水をすくってごくごく飲む、などという日常では汚くてできないことも、なぜか沢に来ると平気だ。沢登りをしていると、ウンコなんて大して汚いものではないという世の中の重大な真理のひとつに気づく。つまりまたひとつ賢くなることができるのだ。

妻にあれほど四泊五日だとわがままを言った私だったが、予定していたルートを一日早く登り切ってしまい、結局三泊四日で下山することになった。そして麓の林道に下り立ったちょうどまさにその時、公務中だった市の職員の車が通りかかったので、私はすかさず右手の親指を突き立てて乗せてもらった。

原始人のような山登りを四日間もつづけていたので、さぞかし異様な臭いを発していたのだろう。致し方ないことではあるが、沢登りをしていると泥と汗と多少のウンコ、それに沢の水やら焚き火の臭いやらが染みついて、衣服から饐《す》えたような酸っぱい異臭が漂ってくる。その臭いたるや、自分でも登っている途中に顔をしかめてしまうほどだ。私が乗車してからというもの、市職員の方はそれまで冷房を利かせるためにピタリと閉めていた車の窓の一部を、しばらく開けっ放しにしていた。ふと気がつくと一匹の大きな銀蠅がブーンと大きな音を立てながら横を飛び回っている。窓に張りついた蠅を横目に、私はこの蠅は自分が持ち込んだものなのか、それとももともとこの車の中にいたものなのかと考えていた。

それにしても、もう四十も間近に迫っているのに、未だに沢に来た時だけは何の抵抗もなくヒッチハイクをすることができるのはなぜだろう。たぶん沢に来ると学生の時のような気分に戻ることができるからなのかもしれない。

たしかに沢登りは私にとって探検の原点なのである。

今から振り返ると、沢登りを本格的にはじめることになったのは、金子民雄の『東ヒマラヤ探検史』というマニアックな本を池袋の本屋で見つけたことがきっかけだった。

当時、私は大学の探検部に所属し、文字通り探検することを志していたのだが、しかし探検というのは非常に面倒くさい言葉で、それが何かと問われると、はいこれが探検ですと答えるのはなかなか難しい。たぶん人間誰しも探検という言葉にそれぞれのイメージを持っており、例えば探検とは深い洞窟の中をヘッドランプをつけて探索する行為であると考える人もいれば、沙漠のような荒涼とした荒野を歩く場面や、あるいは雪と氷ばかりの極地を犬橇で旅するところを思い浮かべる人もいるだろう。私の場合は川口浩の影響が強かったのか、探検と聞くとまずジャングルのことが真っ先に思い浮かんだ。密林をかき分け、激流を渡り、岩壁を乗り越えるというのが私にとっての探検のイメージだった。だからその原初的なイメージを満たしてくれる探検がしたかった。

しかしジャングルに行けば、それがすぐに探検になるというわけではない。探検が探検であるためには、やはり人跡未踏とか地図の空白部とか、とにかくそこが人類にとって未知の空間でなければならない。しかし時はすでに二十世紀末。私が所属していた探検部が発足した時点で、今時探検するところなんか世界に残されているのかという議論があったぐらいなのに、それから四十年が経過した九〇年代に魅力的な探検の対象地など残されているわけがなかった。本当かどうか知らないが、某有名大学の探検部などはその昔、探検が現代でも可能なのか議論した挙句、もはや不可能と結論し解散してしまったという笑い話が残っているぐらいなのである。

そんな大学四年生の春、私はたまたま立ち寄ったジュンク堂の登山本コーナーで『東ヒマラヤ探検史』という本を見つけた。ヒマラヤという場所に特に興味があるわけではなかったし、ヒマラヤは探検家ではなく登山家が行くところだという印象が私の中では強かったのだが、それでも「ナムチャバルワの麓『幻の滝』をめざして」という副題が気になり何となく手に取ってみた。何しろ私は、とりわけ当時の私は空白とか幻という言葉に滅法弱かったのである。裏表紙の内容紹介を読んでみると、そこにはこう書かれていた。

ヒマラヤの北、チベット高原を西から東へ貫流するツアンポー川はナムチャバルワ峰を巻くようにして折り返し、アッサムを東から西へ流れるブラーマプトラ川となって最後にガンジスに合流する。幻の滝のロマンを秘めたツアンポー大屈曲部は、命知らずの男たちを魅了しつづけてきた探検の舞台でもあった。

この文章に私は一気に惹きつけられた。この本はツアンポー川という川の探検史について書かれたもののようだが、その川の大屈曲部には幻の滝があるらしいのである。すぐに私は本を購入して早稲田の四畳半の木造アパートに戻り、友人からもらったパイプベッドに寝転んで貪《むさぼ》るようにして読んだ。この本によるとツアンポー大屈曲部はヒマラヤの巨峰に取り囲まれた大峡谷で、昔から数多くの探検家が峡谷の謎を解明するために、その最奥に向かってじりじりと探検を進めてきたという。謎というのは、最初はツアンポー川がこの峡谷で消えた後に下流でどの川につながっているのか——イラワジ川になるのかブラーマプトラ川になるのか——という謎だったが、その謎が解明された後も、探検の過程で発生したさらに別の謎がこの峡谷のロマンをいっそう高めることになった。それが裏表紙に書かれていた幻の滝の謎だった。ツアンポー峡谷の奥地に残る空白部には、ナイアガラのような巨大瀑布が虹をかけているのではないかという噂が当時の地理学界でまことしやかにささやかれており、その滝を発見するために何人もの探検家が危険な峡谷の空白部に向かったというのだ。

ヒマラヤの大峡谷の奥地に、まだ誰も知らない巨大な滝が眠っているかもしれない。何というロマンあふれる話だろうか。西陽の射す薄暗い四畳半の部屋で、私は百年前の探検家たちと同じような並々ならない興奮に包まれていた。まさかこの峡谷が今でも手つかずのまま残っているということはないよな。さすがにそれはないだろうが、しかし分からんぞ……。隣の幼稚園から園児たちの騒ぎ声が聞こえる中、私は目を血走らせ、鼻から煙のような白い息を吐き出しながらページをめくった。ハアハア言っている可能性さえあった。しかし探検が完全に終わってしまっていたとしたら、それもただの面白い歴史の物語に過ぎなくなる。私にとって重要なことは、自分がこの峡谷の探検に関与できるかどうかということだった。私は峡谷が完全に踏査されてしまったのかどうか、その手掛かりになるような一文をこの本の中から見つけたかった。そして読み進めていくうちに、ついに決定的な一文を見つけた。この本は一九二四年に行われた英国のキングドン・ウォードという人の探検についてまでしか紹介されていなかったが、彼の探検について触れた節の最後のほうに次のような文章が載っていたのだ。

十二月十九日、キングドン・ウォードと仲間とは、ツアンポー渓谷から離れてポ・ツアンポーに沿って北上し、カルマ・ラ峠（二、五六二メートル）を越えた。やはりこの旅でもツアンポーの流路に若干の空白——未踏地が出てしまったが、それはもう人力では不可能なものであり、いたしかたなかった。

ここに至って私の興奮は絶頂に達した。よしっ！　キングドン・ウォードとやらは空白部を残している。著者の金子さんはその空白部を探検することは「人力では不可能」と評価していたが、その言葉は若かった私にはチャンス到来という意味にしか読み取れなかった。

しかも、この本を先に読み進めると、「『死の心臓部』はいまも謎」という見出しとともに、私の胸をさらに高鳴らせるような話が載っていた。ツアンポー大屈曲部の南側には深い密林に覆われたミシミ丘陵と呼ばれる山域が広がっており、そこは夏の雨季ともなると煙幕のような雨が降りつづき、ヒルやダニ、蚊などの不快な害虫が跋扈《ばっこ》し、疫病が広がる「アジアの死の心臓部」となるらしく、おまけに昔から凶暴なことで有名な山地民が住んでいるので、今もどのような地域なのかほとんど分かっていないというのである。そんな面白そうな場所が地球上にまだ残されていたのだ。

ツアンポー大屈曲部を中心とした東ヒマラヤ地方は未だに空白部や謎や死の心臓部といった魅力的な言葉が躍る地域であり、しかも密林に覆われ、深い峡谷が刻まれた、まさに私の求めていたイメージ通りの探検ができそうな場所だった。ついに見つけた。そういう思いで胸がいっぱいになった私は東ヒマラヤ地域を探検することを即座に四畳半の部屋の中で決定し、すぐに友人の家に押しかけてワープロを借りて、仲間を募るために「東ヒマラヤ探検計画企画書」なる文書を書き上げて探検部に提出した。

その後、現地に行ったことのある有名な秘境系のテレビディレクターや氷河の研究者に会って話を聞いた結果、実際にツアンポー峡谷はインドとの国境が近く、政治的に外国人が容易に立ち入ることのできる地域ではないため、キングドン・ウォード時代の空白部がそのまま残っていることが判明した。ツアンポーの空白部に照準を絞った私は、その訓練をするために日本国内の峡谷で沢登りをするようになった。おそらくツアンポー峡谷も、深くえぐられた峡谷に不快な密林が広がっているのだろうから、沢登りの技術や経験が一番役立つだろうと考えたのである。

結局この探検企画が実現したのはそれから四年後だった。私は二十六歳の時に単独でツアンポー空白部の探検に挑み、さらにそれから七年後、再び単独で二度目の探検を行った。

その二度の経験をもとに私はデビュー作となる本を書いたわけだから、本当にこの『東ヒマラヤ探検史』という本と、それに引きつづく一連の沢登りは、探検家としても作家としても私の土台を築いた原点なのである。

たった四日間の沢登りだったが、身体は引き締まり、顔は虫刺されでぶつぶつに腫れ、手足にはひっかき傷がつき、私はすっかり剽悍《ひょうかん》な男となって帰宅した。行く前はあれだけ文句を言っていた妻だったが、すっかり逞しさを取り戻した私の様子を見て、どこか満更でもなさそうな表情を浮かべた。その晩、久しぶりに原点を体験して懐かしくなった私は、つい出来心で、学生の時に探検部に提出した「東ヒマラヤ探検計画企画書」に何を書いたのか読みたくなり、ごそごそと昔の資料ファイルをひっくり返してみた。企画書は簡単に見つかり、茶色くくすんだ紙の端っこと、すでに一部が消えかかっている感熱紙の文字が、過ぎ去った十五年の歳月を物語っていた。表紙を開いてみると、学生だった私は「はじめに」と題した文章の中で、この企画の趣旨を熱く説明していた。つまり心意気の部分だ。私は自分の若い頃の探検に対するほとばしるような熱情を、過ぎ去った青春を振り返るような懐かしい気持ちで読み進めた。

しかし、読むうちに私の表情は曇らざるを得なくなった。その文章は、学生の時のものとはいえ、恐ろしく拙《つたな》い、陳腐なものだった。私は探検に対するたぎるような熱い気持ちを、恥ずべき性的な生理現象と結びつけて「勃起する」と嬉々として表現していたのだ。だが、勃起ならまだかわいいものだ。私が暗澹《あんたん》たる気持ちになったのは最後の一文を読んだ時だった。そこには勃起をさらに上回る、自分自身の品性を疑わざるを得ないような低劣な言葉が躍っていた。

ヒマラヤの東の果て、この地域はまだまだ探検対象地域である。厳しい地理、気象条件、政治的に閉鎖されてきた歴史、これらの条件が重なって長い間人を寄せ付けてこなかった。多くの探検家が挑んだツアンポー川大屈曲部、「アジアの死の心臓部」ミシミ丘陵、イラワジ川源流部独龍江、聞いただけで興奮してくる。あまり長い間考えていると射精してしまいそうだ。

嗚呼、いくら身内に対する宣言書とはいえ、こんな文章を人に読ませていたなんて……。何ということだろう、これが自分の原点だったとは。

予断について——私的ノンフィクション考①

増田俊也『木村政彦はなぜ力道山を殺さなかったのか』を読む

ノンフィクションについて考えてみたい。

というのも先日、あの十年に一度の大傑作（と百田尚樹が最近帯に書いていた）ノンフィクション『木村政彦はなぜ力道山を殺さなかったのか』の著者増田俊也さんと対談する機会があったからだ。

この本をまだ読んでいないという不幸な人のために内容をかいつまんで説明しよう。木村政彦というのは戦前から戦後にかけて国内の名だたる大会で圧勝した、史上最強と目される柔道家である。木村の師は同じく化け物のような強さを誇った牛島辰熊（この人の場合は名前もすごい）で、牛島による血で血を洗うような猛練習というか猛修業のもと、木村は人間離れした強さを持つに至る。全盛期は投げて最強、抑えて最強の手のつけられない柔道家で、まさしく木村の前に木村なく、木村の後に木村なしといわれる鬼の柔道家だった。

最近では総合格闘技の世界をブラジリアン柔術が席巻《せっけん》したことから、木村政彦の名前は再び注目を浴びることになった。というのも木村は現役時代にブラジルに渡り、グレイシー柔術一の使い手に圧勝したことがあったからだ。しかも全盛期をとっくに過ぎた頃にである。ところがその最強の柔道家としての経歴は、戦後にプロ柔道団体を旗揚げし、さらにその後プロレスラーに転身したあたりから暗転する。そして国民的なヒーローとなっていた力道山と天下分け目の決戦を行い、そこで無様な敗北を喫したことで、その名声は地に堕ちてしまうのだ。

プロレスというのは通常ガチンコではなく、事前に勝ち負けのプロットが決まっており、そのプロットに則《のっと》って試合を演技する一種のショーである。当然この木村対力道山戦でもプロットが決まっていたのだが、力道山が試合の途中でそのプロットを破って木村をボコボコにしたというのが事の真相らしい。

しかし真相がそうだとしても、この試合により柔道界が負った傷は大きかった。

私が北海道の実家でこの本を読んでいた時のことだ。本のタイトルを見た私の親父がこう言ったのをよく覚えている。

「木村政彦ってのは史上最強の柔道家という看板で登場したのに、試合をしてみると力道山に一方的に殴られて全然弱いんだ。あの試合のイメージが非常に強い」

私の世代にはさっぱり分からないが、たぶん力道山の試合に熱狂していた世代には木村政彦は全然強くなかったという印象が強く残っているのだろう。つまり力道山に敗れたことでこの最強の柔道家はある種の幻影となって、人々の記憶から消えてしまったのだ。だからこそ柔道界にとって、たとえ掟破りが原因であっても、木村が力道山にノックアウトされたことは屈辱以外の何物でもなかった。最強である木村が負けた日が、すなわち柔道界が負けた日になってしまったのだから。

そして著者である増田さんも北大柔道部出身の柔道家である。たとえ木村政彦があの時すでに全盛期を過ぎ、選手として斜陽の時代に入っていたとしても、真剣に試合をしていたら木村が勝ったはずである。フェイクの世界で生きてきた力道山に最強の柔道家が負けるはずがない。木村の敗北を認めることは柔道を否定することになる。あの試合は卑怯な力道山による騙し討ちであり、木村こそ最強、柔道こそ最強なのだ。その怨念みたいな強い思いに背中を押され、増田さんは取材を開始する。つまり本書は木村が最強で力道山よりも強かったことを実証するための旅の記録なのである。

そのような本なので、本書の記述は読むと火傷をしそうなほどアツイ。木村の師である牛島辰熊や木村本人の強さを物語るエピソードの中には、常識ではちょっと事実だとは考えにくいものも紹介されているが、もはやそれが事実であったかどうかはどうでもよくなってくる。読者は著者の柔道に対する熱情に奥襟をガシッと摑まれ、大外刈りで畳の上に投げ飛ばされ、横四方固めで抑え込まれて、最後は三角絞めで失神させられるという、そういう本なのだ。もういくらでも投げ飛ばしてちょうだい、いや、ぜひ投げ飛ばしてくださいと、途中から自ら身体を差し出してしまいたくなる本なのである。

そんな本の著者から果たし合いのような対談の申し込みがあったものだから、私はちょっと身構えた。著者はもちろん木村政彦本人ではないが、本の内容からどうしても木村政彦みたいな人を連想してしまう。しかも掲載は「ゴング格闘技」という、読んで字のごとく格闘技専門誌である。私にとっては完全にアウェーの地だ。おまけに編集部から申し込みがあったのが、対戦……ではなく対談の数日前という急なものだった。通常こうした対談では現場で話がかみ合うように事前に内容を打ち合わせしたり、メールで連絡を取り合ったりと、いってみればプロレスのプロット作りみたいなことをすることが多いわけだが、そんな時間的な余裕は全然ない。ノンフィクションについて、そして生と死について思うところを腹蔵なく述べ合ってもらいたいと、恐ろしく男らしいテーマを与えられただけだった。

格闘技専門誌だけにプロットなしのガチンコ真剣勝負ということなのだろうか。きっと嘘やごまかしは許さないぞということなのだろう。本音をいうと、こちらとしてはプロレスでお願いしたいのだが、そんなことをいったら木村先生を愚弄しているのかと罵倒されて投げ飛ばされるかもしれない。おっかないから断ってしまおうか。それにしても格闘雑誌でノンフィクションについて語ってほしいというのは一体どういうことだろう。意味が全然分からない……。

私はどこか騙されているような気持ちで巌流島ならぬ決戦の地、品川プリンスホテル一階の喫茶店に臨んだのだった。

さて『木村政彦』の作品性について、もう少し考察を進めよう。この本について、私は先ほど著者による旅の記録と書いたが、しかしそれは少し語弊があったかもしれない。この本は別に、増田さんが木村政彦の記録や証言を得るために世界中を東奔西走した、その紀行文を綴ったものではないからだ。たぶん東奔西走したのだろうが、その東奔西走ぶりを事細かに書いているわけではない。その意味で旅の記録というのは、自分で書いていて何だが、誤解を生む書き方である。

しかし旅の本質を、今日の決断が明日の自分の運命を決める一連の時間の流れだと考えた場合、この本は増田さんの旅の記録と呼んでさしつかえないものとなる。取材を進めていく中で必然的に生じる感情の揺れを見事に描き切っているからだ。

取材の中で増田さんは木村対力道山の試合について語るエピソードや証言に次々と出会うのだが、その過程で彼の中で固まっていたこの試合の像は揺さぶられ、化学反応が起きて、変形していくことになる。もちろん自分が信じていたものが変形を受けるのだから、増田さんは当惑し、感情は揺さぶられる。

私が旅的だと感じたのは、このテーマが変形する過程と、それが呼び起こす、この感情の揺れの部分である。旅というのはどこか行き当たりばったりである。ある土地で誰かと出会ったことで目的地が変わり、最初とは別の場所を目指すことになったりするのが旅である。それと同じようにこの本の結末は、取材の過程で様々な証言に出会うことで、たぶん増田さんが最初に予想していたものとは違うものになっている。

もしこれから本書を読もうと思っている人は、ここから先は読まないほうがいい。それを断った上で書かせてもらう。

はっきりいってしまうと、増田さんは木村政彦が力道山よりも強かったことを証明するために取材を開始したはずだ。柔道界を代表して木村先生の汚名をそそぐためにこの仕事に取りかかった。実際に読んで分かる通り、本書には一貫して木村政彦がどれだけ最強だったかが延々と綴られている。ところが対力道山戦の章、つまり本書のクライマックスにさしかかった時に、この予定調和は突如崩れるのだ。この本は、あの試合の敗北が敗北ではなかったことを証明するために書かれていた本であり、読者もそこにカタルシスを求めて読み進めている。ところが増田さんは取材を尽くしてこの試合の検討を進めた結果、木村政彦の敗北を認めざるを得なくなる。自分でちゃぶ台をひっくり返すように、あの時点で木村政彦はたしかに力道山に負けていたことを認めるのである。

私も悔しい。ずっとずっと悔しかった。力道山を許せなかった。今だって悔しい。

だが、大量の活字資料の九九パーセント以上はプロレス側のものである。資料を漁れば漁るほど、木村を馬鹿にし、揶揄するような言葉ばかり出てくる。「プロレスとはこういうものだ」などとわけのわからない論理をふりかざされ続ける。冗談ではない。

だから、柔道側からの視点で、あえて書く。そうしないと一歩も前へ進めないのだ。

あれはただのプロレスのブック破りでしかない。騙し討ちであった。だから勝ち負けで論ずるのは間違っている。

だが、木村の魂はさまよい続け、介錯を待っているのだ。ならばその魂に柔道側から介錯するしかない。

木村政彦は、あの日、負けたのだ。

もう一度書く。

木村政彦は負けたのだ。

この言葉はまさしく苦渋の決断の末に吐き出されたものだったと思う。おそらく増田さんは木村の汚名をそそぐという名目で多くの柔道関係者に取材していたはずだ。取材を受けたほうも木村先生の屈辱を晴らしてほしいと期待して協力したのだろう。だがこの結論では自分を裏切るだけでなく、多くの柔道関係者の期待も裏切ることになる。

しかし、作品としてはこの結論を率直に書き上げたからこそ、非常に完成度の高いノンフィクションとなっている。

ノンフィクションを書く時に最も難しい問題のひとつに、予断にどのように対処するかということがある。「予断を排し」などというように、一般的に予断という言葉が肯定的に使われることは少なく、客観的な判断を狂わす余計な思い込みといった意味合いが強い。だがノンフィクションを書く場合は、この予断がないと取材に取りかかることは絶対にできない。予断というのは、ある対象に対して自分が勝手に拵えた心象である。この心象がないとその対象に興味を抱くはずもないのだから、取材をはじめようとも思わないわけだ。つまりノンフィクションにおいて予断の存在は取材が成立するための前提条件だといえる。ノンフィクションライターは、ある人物や事象に対して何らかの予断があって、その予断をもとにこういう本を書きたいと欲求がわき、そして取材をはじめるのだ。

しかし予断というのは通常、取材の過程で必ず変形を受けるか、あるいはひっくり返される運命にある。

取材は普通、自分より事情に詳しい人に話を聞く場合が多い。

「あれはこうだったんですか？」

「いや違うよ。こうだったんだ」

「え、本当ですか。それは知らなかった」

簡単にいうと取材というのはこうして進む。そのため自分が知らないことを明かされて予断が覆された時、取材者には激しい感情の動きが生じる。予断が覆されると、こういう本を書きたいというそもそもの前提も崩壊するわけだから、当惑したり愕然としたりするのは当たり前なのだ。そのため、もうこれは本にならないと作品化を断念することさえある。

その一方で予断が予断通りのまま進んでも、決して面白い本にはならないということもいえる。事前の想定通りに取材が進み、それに沿ったエピソードをいくら積み重ねても、予断が補強されることこそあれ、導き出される結論は予定調和のものにしかならない。つまりそこには新しい発見が何もない。発見がないと驚きや感動や動揺といった作り手の感情の動きは生まれず、作者のその無感動はそのまま作品の色を決め、読者に伝わってしまうのだ。

予断が崩壊する時は作品にとってピンチでもあるが、新しい物語が広がるチャンスでもある。予断が崩壊した時にこそ作り手の感性は試される。それを面白いと思えるかどうか、面白いと思えたことをどううまく書くか。その意味でノンフィクションが作品として成功するかどうかは、予断が覆された時に生じる自分の感情のぶれをどのように描き出すかという、ただその一点にかかっているとさえいえる。

『木村政彦』は予断の塊のような本だ。木村政彦は最強。ゆえに力道山などに負けるはずがない。この鉄板のように固い予断が前提となって取材が開始されている。しかし十八年の長きにわたる取材の果てに見たものは、木村政彦の敗北というまったく予期せぬ結論であった。その時、増田さんの断固とした予断はもろくも、そして完璧なまでに崩壊する。

ここまで見事に予断が転覆し、そしてそれを作品化した例を私は知らない。もしこれが取材と同時並行で書き進めた連載でなければ、たぶんこの作品は陽の目をみなかっただろう。単行本の書下ろしや取材がすべて終わった時点で書きはじめるような連載だったら、いろいろと熟慮した挙句、作品化することを断念していたかもしれない。あるいは予断が崩壊した時の感情を薄めて、全体的に整合性をつけて作品にしていたかもしれない。しかし取材で予断が崩壊した時、この連載は進行中だったという。すでに読者がいる以上、こっちの都合で中断するわけにはいかない。その結果、増田さんはそのひっくり返された予断を臨場感たっぷりの感動的な言葉で表現することになった。

この本の成功は覆された予断の描き方がとても見事だったところにある。増田さんの予断はマグマのように熱く、熱いからこそ涙を流しながら木村政彦が負けたことを認めた。そこに読者を感動に引きずり込むだけの力があった。

ところで対談の話だが、このようなマグマのように熱い本を書く人なので、私は増田さん本人に対しても木村政彦のようなおっかないイメージを抱いていた、という話は先ほど書いた。それに『木村政彦』の著者近影を見ると、こちら側にガンでも飛ばすような鋭い視線を投げかけている。そんなわけだから私は一言二言お説教を受ける覚悟で対談現場に足を運んだ。

ところが会ってみなければ分からないものである。

実際に会う増田さんは著者近影とは別人のような、ニコニコとした優しい顔をしているのだ。テーブルに着くといきなり鞄の中から小さなデジカメを取り出して、大学時代の仲間との飲み会に関するほのぼのとした話をはじめた。

「いや、これは『七帝柔道記』でも書いた、大学時代の柔道部の主将の竜澤なんだけど。今でもよく集まるんですよ」

そう話す彼の目元はかけがえのないものを見つめているかのように緩んでいた。声も繊細で、指先だってピアノでも弾き出しかねないほど細く見えた（これは私が最近取材で漁師とばかり会って、彼らの膨れ上がった厚い掌を見ていたせいかもしれない）。拍子抜けするほど物腰の柔らかい人なのである。

当然私は話しながら、え、どういうこと？　と内心驚きにつつまれていた。そしてその心の動きを見透かされたかのように編集者から「角幡さん、増田さんの印象はどうですか？」と突っ込まれた時には、言葉も出なかった。

そう、ここに私の予断は覆されたのだ。まさに増田さん本人がノンフィクションだったのである。

超人ウエムラの秘密

植村直己『北極圏一万二千キロ』を読む

今年（二〇一四年）もまた冬の北極圏に向かおうと思っている。二〇一一年から北極圏に通い出し、次で三回目だ。

そもそも極地に行こうと思ったきっかけは、太陽の昇らない、極夜と呼ばれる冬の季節に興味を抱いたからだった。私たちの住む日本では、日照時間が短くなるとはいえ冬でも太陽は昇る。太陽は空気のように存在するのが当たり前で、太陽が昇らない生活など考えられない。ところがその常識は世界のどこでも当てはまるわけではない。なぜなら北緯（南緯）六十六度三十三分以北（南）の北（南）極圏では、冬になると太陽が一日中地平線の下に沈み、決して姿を見せない極夜と呼ばれる季節に突入するからだ。

冬の北極は太陽のない、風と氷と闇だけが支配するどこか別の惑星にいるような世界だ。その暗黒の世界でどのような生活が営まれてきたのか、そこを旅したらどうなるのか、そもそも旅をすることなど可能なのか、私たちには想像できないことばかりだ。そう考えると極夜の北極や南極は、私たち〝非極地〟在住の人間にしてみると常識の外側にある世界だといえる。時代の常識や自分たちの知覚できている範囲の外側を、身をもって探ることを探検と呼ぶならば、自称探検家である私にとって、冬の暗黒の北極圏はいつか絶対に行かなければならないところであった。

それにしても、一体この極夜の北極や南極を長期間にわたって旅した例はあるのだろうか。調べてみるとやはりあまり例はないようだった。

例が少ないのには理由がある。極地探検が全盛期を迎えたのは今から百年から百五十年ほど昔にさかのぼるが、当時の探検隊は氷の解けた夏の間に蒸気船でなるべく奥まで行き、冬を迎えると小屋や船の中に閉じこもり、越冬してやり過ごすのが普通だったからだ。わざわざ寒くて、真っ暗で何も見えない中を好んで旅をしても地理的探検の点からは意味がないし、それにそんなことをする物好きな人間もいなかったわけだ。また、飛行機が登場して以降は行動したい季節に合わせて現地に向かえばよくなったので、冬にその場にいる必然性もなくなった。

しかし決して前例がなかったわけではない。例えば有名なのは一九一一年にロバート・ファルコン・スコットという人物が隊長をつとめた英国の探検隊の別働隊である。この隊では特別に選ばれた三人が隊の基地から片道百二十四キロ離れた場所まで、極限の寒さが支配する漆黒の南極大陸の中をぼろ雑巾のようになって行軍した。この探検はアプスレイ・チェリー＝ガラードの『世界最悪の旅』という本に詳述されているが、読むたびに必ず、当時の粗末な装備でよく生きて帰ってきたものだと感心させられる。といっても彼らの目的は極夜を旅すること自体にあったわけではなく、真夏に繁殖するコウテイペンギンの卵を獲得するために営巣地に出かけることにあった。当時コウテイペンギンは現存する鳥の中で最も原始的な種類だとされており、その発生の仕組みを調べれば爬虫類から鳥類に至る失われた進化の鎖を解明できるのではないかと考えられていたのだという。たとえ三人の男の命が危険に晒《さら》されるとしても、科学の前進という崇高な目的のためにはどうしてもペンギンの胚児を手に入れる必要がある！　ということだったらしい。

そして、もうひとつ目を引くものとして挙げられるのが植村直己による北極圏一万二千キロの旅である。植村直己は一九七四年から七六年にかけて犬橇で村々に立ち寄りながら、グリーンランドから極北カナダを駆け抜けアラスカの西端にまで達している。

この時の旅で彼は二シーズン、極夜の闇の中を旅している。一度目は出発したばかりの最初の冬である。思いとどまるようにとのイヌイットの忠告を無視するかたちで出発した植村直己は、《痛いような寒さだ。そしてどうにもならない暗闇。星の光など何の頼りにもならない》とぼやきながら、極夜の闇の中、グリーンランドの海氷を北上する。太陽が戻ってきた二月一日には、《太陽が万物の上に立つ神だというのは、ほんとうだ。太陽が輝き、すべてのものがはっきりと見わたせるのは、何という喜びだろう》と古代エジプト人みたいなことを言っている。

二度目の冬はカナダのケンブリッジベイという集落を出発した時に体験した。この時は一度目の冬よりも緯度が南に多少下がっているため極夜の期間は約一カ月と少し短かったが、しかしその厳しさは変わらない。再び昇った太陽を見た時はやはり最初の冬と同じように感動して、《「ああ、太陽だ、太陽が出たぞ。神様、ありがとう」心の中で叫ぶ。これからは毎日太陽がおがめる。パウラトックへの旅の安全を見守ってくれる神様だ》と植村直己は再び古代人化した。

単独で一万二千キロにわたる大移動を、しかも一度も帰国することさえせずワンプッシュで完遂させたこの冒険は、もしかしたら十九世紀から二十世紀初めの探検時代の余韻が残る最後のものだったのかもしれない。スピードを競ったり、条件付きの記録や到達といった計量化できそうな達成ばかりに目が向きがちな昨今の冒険と違い、この時の植村直己の行為からはむせかえりそうなほど濃厚な〝旅〟のニオイが漂ってくる。北極点を目指す現代の冒険家よりも、むしろ先ほど紹介したコウテイペンギンの卵を取りに行った百年前のスコットの探検隊に近い雰囲気さえ感じるのだ。

その理由は、アザラシを撃ち殺し、犬橇という昔ながらの移動手段を使い、イヌイットと同じ毛皮の服を着るといった手作り感あふれる旅のスタイルのせいもあったのだろうが、しかし真の原因はもっと深いところ、つまり一人の人間が北極の自然と真正面からぶつかり合えていたところにあったように思える。簡単にいうと、北極圏一万二千キロの旅は始まりから終わりまで、すべてが彼自身の手によって現場で完遂されていたのだ。

植村直己はこの一万二千キロの旅の後に世界初の北極点単独到達からグリーンランド縦断という彼自身の経歴の金字塔とされる領域に足を踏み入れるのだが、しかし、この北極点のほうはどうも電通が金を集めたり、飛行機が途中で飛んできて物資を補給してくれたりと、裏方の人間や文明の力が見え隠れしていて、一万二千キロの旅に比べたら随分迫力が失われている。舞台が整えられていて、どこか記録を狙ったスポーツみたいな感じがするのである。だから私は植村直己の冒険家としての真骨頂は最も有名な北極点遠征ではなく、この一万二千キロの旅のほうにあったと思う。

そして昨冬（二〇一二年〜一三年）、自分で初めて極夜の北極圏を少しだけ旅してみて、改めて植村直己の冒険家としての、ある種の凄みを実感することになった。

自分で経験して分かったことだが、極夜の世界で最も恐ろしいことは自分の居場所が分からなくなることである。

二〇一二年から一三年にかけての冬、私は極夜の雪原をＧＰＳを携帯せずに約一カ月間、三百キロ強にわたって放浪してみた。ＧＰＳを持っていかないと位置を決定するために天測という作業をしなければならない。天測というのはＧＰＳが登場するまで一般的だった航法で、通常は六分儀という、横から見ると錨《いかり》のようなかたちをした大きな分度器みたいな道具を使う。昔の航海士や極地探検家はこれで海の水平線と太陽の高度を測って位置を決定していたのである。

だが極夜の世界に太陽は存在しない。おまけに暗いので海の水平線も見えない。そのため私は太陽のかわりに恒星を使い、そして竹竿を用いた極めて単純な仕組みの人工水平線を作るシステムを考案して、それを海の水平線のかわりにして天測することにした。ところが実際に現地に行ってみると、これがなかなかうまくいかないのだ。そして天測ができないと自分の正確な位置が分からないので不安でしかたがない。

極地というのは山と違って地形がなだらかで目印となるような地形があまりない。とりわけ私が訪れていたカナダ北極圏はその多くがツンドラ地帯にあたるため、地形的には海のように起伏に乏しく、実際に海と陸の境界線がどこなのかよく分からないような場所さえある。しかも極夜なので正午付近の数時間をのぞき、全体が漆黒の闇に閉ざされている。そのため昼間の明るい時に地図とコンパスで大体の位置が分かっても、暗い間に歩いているうちに再びさっぱり分からなくなり、テントの中で地図をにらみながら自分がどこにいるのか頭を悩ませるという日々がつづいた。

その結果、私は二回ほど完全に居場所を見失った。特に二回目の時など、自分がどこにいるか分からなくなっていることが分からなくなっているぐらい迷ってしまった。ひたすら暗闇の中を歩き、次の日は吹雪のためにテントの中で停滞し、翌日天気が回復したので出発しようとした時に初めて、目の前に予期せぬ巨大な陸地があるのを見て、えっ？　ここはどこなんだろう……と居場所を見失っていることに気づいたのである。そしてこの漠然とした不安は当然、自分は本当にケンブリッジベイの村に戻れるのだろうかという、より切実な不安に直結していた。

位置決定に対するこの自信のなさは、昔の極地探検家にはかなり共通のものだったようだ。例えば今から百二十年ほど前の一八九三年から九六年にかけて北極海を漂流横断したフリッチョフ・ナンセンというノルウェーの探検家は、探検の途中で自分が天測で出した位置が本当に合っているのか確信することができず、恐ろしい不安に苛まれた。

私はフラム号を離れてからの観測値を全部再計算し、陸地がまだ見えてこないのは誤差のせいではないかと思って、この謎を解こうと努力した。（中略）私は計算に計算を重ね繰り返し考えてみたが、重大な誤りはみつからず、謎は解けなかった。やっぱり私たちは西へ来過ぎてしまったのではないかと本当に心配になりはじめた。（『フラム号北極海横断記—北の果て—』太田昌秀訳）

この時、北極海を横断していたナンセンが人間世界に再び生きて戻るためには、一番近くにあるフランツヨーゼフ諸島という陸地にピンポイントで到達しなければならなかった。

しかし位置が分からないと島にはたどり着けない。まさに絶体絶命の状況だ。もちろん当時はＧＰＳもなければ、救援をお願いするための無線や衛星携帯電話も存在しない。彼ともう一人の仲間は周囲何千キロにわたって他に人間がいることが期待できない完璧な孤独の中で旅をしていた。そしてＧＰＳと違い天測による観測値には、どうしても気象条件や視界の状況、観測者本人の経験や腕などにより誤差が発生する。それにくわえて出てきた結果がどこまで正しいのか、それを最終的に確認するすべもない。つまり極論をいうと天測により導き出される値というのは、大体このへんにいるだろうという推測値に過ぎず、観測者はそれが正しいことを信じるしかないわけだ。だからナンセンの本には天測結果が間違っているのではないかという不安がしつこいぐらい頻繁に現れる。

帰国後にナンセンの本を再読した時、私には彼の心理的葛藤が深く理解できた気がした。彼よりかなりスケールダウンしてはいたものの、私もまた極夜の北極圏で帰れないのではないか……という同種の不安を味わっていたからだ。そして自分が人類史上に残る不世出の探検家と同じたぐいの悩みを共有できていたことに、倒錯した満足感を覚えた。彼の見た世界の領域に一歩足を踏み入れたことで、自分がナンセンと肩を並べたような心地よい錯覚を味わうことができたからだった。そしてナンセンだけで飽き足らなかった私は、次に植村直己の本に手を伸ばした。彼も一万二千キロの旅では、極夜の暗闇の中で地図とコンパスだけで旅をつづけている。しかも天測さえしていなかったのだから、さぞかし位置が分からない不安におびえていたに違いない。私は「位置の不確定による不安」という共通言語で、歴史上の偉大な探検家たちの見た風景を読み解こうとしていたのだ。植村さん、あんたの気持ち、俺分かるよ。現在の世界で分かる人間は、俺一人なんだよ……といいたかったのだ。

ところが、である。読んでみて驚いたのだが、植村直己は本の中でこの種の不安にまったく触れていないのだ。彼が嘆いているのはひどい寒さや犬の食糧が足りなくなることへの心配ばかりで、「暗い間に自分がどこにいるか分からなくなっている」などという記述はいっさい見られない。唯一あるのが、二回目の冬にケンブリッジベイを出発した後に書かれた次の一文である。

海岸に沿って海氷を突っ走る。追風に橇はよくすべる、走る。午前十一時頃、わずかに明るくなったので、橇を走らせながら地図で位置を確認しようとしたが、ますますひどくなる地吹雪で、地形はいっこうにつかめない。

しかし私にいわせると、問題の核心は地形が摑めないことにあるのではなく、地形が摑めないことが原因で生じる次の段階、つまり帰れないのではないかという恐怖にある。だが植村直己はその次の段階に言及することなく、すぐにまた犬の心配をしてしまうのである。

彼は少しおかしいんじゃないだろうか、と私は首を捻《ひね》った。自分と植村直己との間にどんな違いがあったのだろう。例えば私の時のほうがルートが少し複雑で位置を出すのが難しかった、ということはあったかもしれない。植村直己のルートは海岸線を真っ直ぐ進むだけなので比較的、現在位置の見当はつけやすかっただろう。しかしそれでも暗い間に行動しているのだから、位置の確定に手間取ることは避けられなかったはずだ。また私は徒歩で彼は犬橇だったという違いもある。たしかに犬橇のほうが速いので、私なら一カ月かかったような距離でも一週間ぐらいでたどり着けただろう。とはいえ、速度が増しても位置の割り出しが簡単になるわけではない。むしろ速くなることで取り返しのつかない場所に来てしまっているのではないか、という不安は逆に高まる気がする。しかしやはり植村直己はそんなことは一向に気にするふうもなく、ただ犬同士のトラブルや餌不足に心を砕くばかりなのだ。

私は次のように結論付けざるを得なかった。彼はきっと怖くなかったのだ。その点に関しては、きっと人より鈍感だったのだ。もちろんいい意味で……。

正直にいうと植村直己の熱心な読者でなかった私は、それまで彼という人物に対して、ひたすら人がよくて馬車馬みたいに体力がある人というイメージしか持っていなかった。しかし実際に極夜の北極を旅することで、私は彼の本当の凄さを理解できた気がした。いや、正確にいうと、彼の本当の凄さは自分には理解できないところにあることを理解できた、というべきか。

要するに植村直己の怖さを感じる感受性の限界ラインは常人よりも一段階上なのだ。彼は暗闇に対する本質的な怖さを感じていなかったか、あるいは感じていたとしてもそれに蓋をして突き進むことのできる人だった。単に精神構造の違いか、あるいはそれまでの経験でもっと怖いものを見てしまっていて、そのへんの感受性が少し摩耗していたのか……。いずれにしても、だからこそ二シーズンもぶっつづけで極夜の中を疾駆し、一万二千キロも駆け抜けることができたのだろう。

文章が天真爛漫としているのでそうは思わせないが、大変失礼な言い方をすると、彼には少し壊れていたところがあったのかもしれない。私のような凡庸な人間が持っている物差しで理解できる人物では到底なかったのだ。

事実を捕まえる——私的ノンフィクション考②

井田真木子『同性愛者たち』（『井田真木子著作撰集』）を読む

以前、警察回りの新聞記者をしていた頃、同僚や同業他社の記者からよくこういうことを言われた。

副署長が言ったのなら書ける——。

副署長というのは警察署で対外広報を担当する、内閣でいえば官房長官にあたる幹部職だ。警察回りの若い記者は毎日、各署の副署長を回って世間話をして普段から円滑な人間関係を築いておき、事件の広報発表があった時は署に駆けつけてレクを受けるということを繰り返している。つまり副署長とは警察取材の表玄関である。記者が事件の現場の地取り（聞きこみ取材）で犯人につながる有力な証言を耳にした時や、夜回り、朝回りという表の取材とは別の裏でこっそり行う取材で新情報を聞いた時などに、それらを表玄関である副署長に当てて（確認して）事実の裏付けを取ったりもする。「副署長が言ったのなら書ける」という言葉は、地取りや夜回りで取った独自情報が曖昧な状態から警察的に事実として認められた状態に格上げされたこと、そして警察的に事実として認められたということは新聞的にも役所のオーソライズを得たので〝書ける〟状態となったことを意味している。まだ素材に過ぎなかった粗い情報は副署長に認めさせることで、ゴツゴツとした角をやすりで削り落とされ、鋳型にはめこまれて成型され、新しい紙で丁寧に包装された新聞記事という商品として整っていくのである。

この役所取材の構造は警察以外でも変わらず、これが検察取材だと「次席検事が言ったのなら書ける」、県庁取材だと「担当課長が言ったのなら書ける」ということになる。企業の取材はあまり経験がないのでよく知らないが、たぶん似たようなものだろう。組織には必ず末端で収集された有象無象《うぞうむぞう》の情報を集約・精査し、組織が事実として認定した情報を公表する漏斗《ろうと》の口のような部署と担当者がいる。マスコミの記者とは主に記者クラブという制度を使ってこの漏斗の口に常時張りつき、組織から発表、あるいはこぼれてくる情報を教えてもらったり狙ったりして、他社を出し抜いて特ダネを取ろうとしたりする者のことを指すのである。

当局にへばりつくことで取材の効率はよくなり、記者は大きなメリットを得る。例えばどこかで何者かに殺されたとみられる死体が発見されたとする。事件の一報を受けると記者は現場に駆けつけ、周辺の住宅のピンポンを無差別に鳴らして、大きな物音を聞かなかったか、近頃怪しい人物を見なかったかなどということを訊ねまくる。そして、時折お喋りなおばさんから「そういえば二日前に見たことのない白いセダンが公園の近くに停まっていて、窓がスモークだったのでちょっと怖かったわ」みたいな話を聞きこみ、有力情報だといって大喜びする。

ところが、当然のことながら同じようなことを警察もやっている。しかも記者の地取りの規模はせいぜい若い記者が二、三人といったところだが、向こうは大々的に網をしかけるように、しかも早い段階から着手している。初動段階では記者も警察の捜査と同程度の情報を取れることもあるが、事件発生から二日経ち、三日経ちしていくうちにそれも次第に引き離されていき、気がつくと警察のほうは着実に犯人に近づいているのに対し、新聞のほうは相変わらず怪しい白いセダンレベルで右往左往しているという状態になる。そんな無駄なことをするぐらいなら、新聞としては現場に行って独自に調査をつづけるより、副署長のところに行って警察から情報を教えてもらったほうが効率よく事件の核心に近づけるということになる。

情報の精度という点でも効率はよくなる。副署長はいい加減なことは決して言わない。副署長の話とは、事件が起きて末端の捜査員が拾い集めてきた様々な情報を四方八方から検討し、その上でさらに事件の絵が描かれて、図式が組み立てられ、その筋に沿って不純物が濾過された末に、ようやく重々しく発せられた一言なのである。要するにそれは、基本的には警察のその時点での見立てを示しており、見立てから外れた情報は間違った情報としてすでに除外されている。こんなありがたい話はないではないか。

たぶんこのような理由から、記者の仕事は人間の海の中に飛びこんで事実を捕まえることよりも、組織の中枢に食いこんで情報をもらうことが主なものとなった。〝事件記者〟という言葉があるが、こと新聞に関する限り、事件そのものを取材する記者はほぼ皆無であると考えてさしつかえない。新聞で事件を担当するのは事件記者ではなく、警察記者や検察記者だ。彼らは現場を歩いて記事を書くのではなく、当局から聞きおよんだ情報をもとに事件の記事を書く。必然的に事件発生当初に行う地取りも事件の核心に近づくためではなく、夜回り取材で警察に当てる情報を拾うためとか、〝ガンクビ〟といって記事に添える被害者等の顔写真を探すためといった副次的な性格が強くなる。新聞記者にとって事件とは現場で起きるものではなく、副署長の机の前や刑事部長の自宅の玄関前で起きるものなのだ。

当然こうした構図の中で取材をしていると、効率性と引き換えに大きな副作用を伴うことになる。それは端的にいうと当局との癒着。新聞記者は役所が独占する情報を教えてもらうという下請け的な位置に甘んじざるを得なくなるのだ。

この構図だと情報は常に当局から記者への一方通行で、その逆はないのだから、立場としては当局が上で新聞は下。新聞側としては情報をもらえなくなることが一番困るので、心理的に当局に都合の悪いことを書いたり言ったりしにくくなるばかりか、現実の姿としては当局の幹部に対してご機嫌伺いみたいな接し方になってしまう。

もちろん新聞など報道機関の役割は民主主義の礎《いしずえ》として権力側の動きを監視することにある。従って、当局と癒着して批判的な言論を手控えるようなことがあれば、それは自分たちの存在意義を否定することを意味する。正論をいえば、警察発表が事実かどうかを独自の取材で明らかにすることがジャーナリズムの本義なのだ。ところが現実として新聞の警察・検察記者は当局とべったり癒着しているので、そういうことができないというか、そういう発想自体が生まれにくい思考回路になっているのである。

こうした癒着の結果、新聞・テレビのマスコミ報道は歴史的に数々の冤罪事件の温床となってきた。「副署長が言ったのなら書ける」という言葉が示すように、そもそも新聞の事件報道が書くのはあくまで〝警察が事実として認定した事実〟だ。警察が認めた事実とは、容疑者を刑事裁判で有罪に導くために警察が集めた証拠に過ぎず、基本的に警察側にとって都合がよく、容疑者にとっては不利な事実である場合が多い。司法制度全体から見ると、あくまで〝本当の事実〟は裁判で争われるべきものなのだが、日本のマスコミは前記癒着の結果、警察の捜査段階の事実をあたかも〝本当の事実〟であるかのように報道し、反対に、例えば容疑者側の弁護士の意見などは、警察ほどの調べをしていないという理由で無視するか、非常に小さな記事でしか扱わない。おまけに記者というのは視点が内向きで、他社の知らない特ダネ（あくまで重視されるのは他社が知らないかどうかであり、社会的に有用かどうかという観点は新聞記者の価値判断にはふくまれない）をいかにすっぱ抜くかしか考えていないので、事件の場合は各社の記者が警察幹部から情報を取ろうと血眼《まなこ》になって競争し、特ダネを聞いたら、それが本当に事実かどうかなど二の次で、警察が認めたからというだけの理由で正真正銘の事実であるかのように報道する。

私が現在のマスコミ報道の最大の病弊だと考えるのは、この事実認定があまりにも一方的である点だ。当局の担当者がウンと頷きさえすれば、新聞的には事実の条件はクリアされるのだ。たとえ後から間違っていたと分かったとしても、あの時は警察がそう発表したからと責任を当局になすりつけることができるシステムになっている。いい換えるとそれは、その情報が本当に事実かどうかなど、新聞記者にとってはさして重要な問題ではないということを意味する。極端な言い方をすると、新聞記者は事実に関心がない。新聞記者が関心があるのは、それが事実かどうかではなく、それが事実として書ける素材であるかどうかであり、より正確にいえば、それが書けるということが誰かによって認定されているかどうかである。そもそも本当に事実かどうかなど、誰に分かるというのだろう？　新聞は独自で事実認定する努力を事実上放棄しているのだ。

こうした報道姿勢が当たり前のものとして定着した結果、新聞記者をつづけていると、それが事実かどうかを自分で見分ける能力が失われる。能力という以前に、そういう習慣すらなくなる。これはカルト教団の洗脳みたいで、恐ろしいことだ。私が記者をやっていたのはわずか五年間だったが、今でもどこかで私は当局的なものと心理的に癒着しており、この記者の悪しき習性から完全に抜け出すことができないでいる。

この八月、私はグアムからフィリピンまでマグロ船に一航海同行し、操業の様子を取材した。二十年ほど前にグアム近海で船が沈没し、フィリピンまで漂流した沖縄のある漁師さんのことを書こうと考えており、自分でも実際に船に乗って現場を体験しようと思ったのだ。海を見ながら常に考えていたのは、一体漁師というのは何者なのだろうか……ということだった。漁師は記録を残さない。漁師は過去を覚えていない。漁師は陸《おか》に上がっても海に戻ってくる。漁師をつづけているとなぜか海でしか生きられなくなる。そして陸の人間は、おそらく根本的に漁師のことを理解していない。最近の言葉でいえば、陸の人間と海の人間の視点はレイヤーが異なっており、私たちと漁師は完全にすれ違っている——。

そうしたことを運動不足解消のためにヒンズースクワットを繰り返しながら、私は延々と甲板上で考えていた。まるで答えが出そうもない認識論的な問いであるが、それでも延々と考えていると、もしかしたらこういうことではないのか、という理論というか解釈のようなものが思い浮かぶ。そしてその閃光のような思いつきを、また海を眺めながら頭の中で転がしているうちに、この閃《ひらめ》きはおそらく正しいに違いないという自信が芽生えてくる。

しかしこの閃きが事実なのかどうか、誰に、どのようにして確認したらいいのだろう。新聞記者をつづけていたせいで、その筋に詳しい人物か、あるいは紙ベースの資料でもいいから、とにかく何かに自分の考えを裏付けしてもらわないと不安でしょうがないのだ。

とはいえ、こうした生き方に対する考察は、当人たちに訊ねても真偽が分からないことが多いし、とりわけ漁師はこうした観念的な事柄を話すことを苦手としている。だから、これはもう私自身が自分の考えとして最終的には書くしかないのだが、しかし、この考えにまだ絶対的な自信が持てなかった私は、思わずこんなことを考えていたのだった。

熊谷署の副署長にでも確認してみるか――。


記者を辞めてノンフィクションというジャンルの本を書くようになってから、事実の捕まえ方について考察することが多くなった。事実というと硬い石のようにカチッと確固として存在しているように思えるが、実際にはそうではなく、実は非常に曖昧で捉えどころがない。石というより、むしろウナギのようにぬるぬるとしていて、捕まえようとすればするほど逃げていくたぐいのものである。

例えばマグロ船の取材では、漁師の漂流のことについて消息を知っていそうな人に話を聞いても、もう二十年ほど前の話なので、人によって当時の記憶は大きく食い違っている。雑多な証言の中でどれが事実でどれが非事実かを見極めるためには、当時の新聞や雑誌等の紙の資料との整合性を確かめたり、また当時の社会情勢と照合したりといった広範な検証が必要となってくる。また同じ事実を語っている場合でも、証言者の立場によってはその事実の持つ意味や価値に大きな幅が出てくる。ある人にとっては他愛のない事柄であっても、別の人にとってはその事柄が持つ意味は途方もなく大きくなり、それが伏線となって別の大きな事柄を導くこともある。

さらに事実というものを深く考察すると、ひとつひとつの事実そのものにはさほど意味はないことに気がついていく。角幡唯介という名前そのものに記号以外の意味は何もないのと同じように、事実に意味を持たせているのは、その事実を事実として成り立たせている事実性のようなものである。そしてノンフィクションとは、その事実性を書かないと成立しない叙述形式なのだ。

事実性とは各事実を成立せしめている根幹のもの、事実の本質的な部分である。例えば誰かが漁師になって、一生それをつづけたとする。その事実には、単なる職業選択の結果以上に何か重要な理由があるのかもしれない。そう考えて取材したところ、その人が一生漁師をつづけたという事実の裏には、海のロマンがあったとひとまず仮定する。しかし、さらに取材をつづけて、その人が自分の息子を決して漁師にさせようとしなかったという別の事実を知った時、取材者は、その人が一生漁師をつづけたという事実の裏には海のロマンとは違った何か別の要因があったと認めざるを得なくなる。根幹を理解した時に初めて、取材者はその人が一生漁師をつづけたという事実の事実性を知り、その人が残した言葉、行動のひとつひとつ、表情に刻まれた皺《しわ》の一本一本にまで意味を読み解くことができるようになる。つまり彼の各行動や眉間の皺という各事実を成り立たせているのが、私がここでいう事実性である。

事実というのは事実性にまで到達しないと精確に書くことはできない。いくら表面的には正しく書いたとしても、背後にある事実性を認識した上でそれを書いたのでなければ、本当に事実を書いたことにはならない。ノンフィクションを書くということは、事実性を理解した上で、どの事実が事実性と合致しているか、つまり「正しい」かを自分で見極め、さらにその事実性を的確に表現した文体で物語を叙述することである。重要なのは事実が正しいかを自分で見極める判断力であり、副署長に正しいかを確認するような態度では永久に物語としてのノンフィクションを書くことはできない。そして、さらに極論をいえば、もしある証言が、細部において間違っていたとしても、その間違ったことが逆に事実性を表象し得ると判断すれば、書き手の責任においてそれを書くことはノンフィクションという表現形式ではありだと思う。もちろんそれを書くには、極めて慎重な書き方が要求されるが……。

こんなことを書こうと思ったのは、最近、井田真木子さんの作品を読んだからかもしれない。

マグロ船の取材から帰国すると、二〇〇一年に急逝したノンフィクション作家の井田さんの著作集が版元から送られてきていた（『井田真木子著作撰集』里山社）。一読して衝撃を受けた。これまで私は井田さんの作品を読んだことがなかったのだが、ノンフィクション作家という肩書で活動しておきながら彼女の作品を読んでいなかったという過去を、私は深く恥じた。

なかでも衝撃度が大きかったのが『同性愛者たち』という作品である。この作品において井田さんは同性愛者たちにインタビューを繰り返して事実を掘り起こすという通常の取材方法よりも、同性愛者たちとなかば行動をともにすることによって、同性愛者と異性愛者との間に知らぬ間に構築されていた壁に迫るという手法をとっている。インタビューで取ったように見える言葉も、むしろ生活を共同で営む中で繰り返された雑談の中から本質をすくい上げて紡いだ言葉のように思える。

この本の中から見えてくるのは、同性愛者を、あるひとつの文化的な枠組みの中に押しこめて、本質を理解しようとしない日本社会の歪んだ姿である。同性愛者と異性愛者の壁。それは異性愛者が同性愛を人間のひとつの本質的な状態として理解するのではなく、単にいかがわしい即物的なセックスの趣味の問題として切り捨てようとする見方である。また同時に、同性愛者のグループが公共の施設で合宿を行う際に、施設を管理する行政側が「同性愛は社会通念上認められていない」という初めから共存を拒否した理由で利用を断るような態度のことである。井田さんはそれを新聞記事のように双方の言い分を聞いて、足して二で割ったような、分かったような分からないような表面的な事実の羅列に終わらせるのではなく、徹底的に同性愛者側に身を置くことで双方の事実の向こう側に横たわる事実性を捉えようとするのだ。

「同性愛者と同性愛についての確かな実感が欲しかった」と彼女は書いている。

この言葉の持つ意味は深いと私は思った。

なぜなら実感がないと、書き手は事実の向こうに横たわる事実性を永久に発見できないし、表面的な事実に内実を伴わせることもできないからだ。ノンフィクションを書くには、たとえそれがどのようなテーマであれ、絶対に皮膚感覚レベルの実感が必要なのだ。

そして同時に、私がこの作品を読んで思ったことは、実感を得るためには、結局のところ自らもプレイヤーとして立ち振る舞わなければならないのだろうか、ということだった。井田さんという書き手は、取材者の範疇に留まりながら、極めてプレイヤーに近いところで取材する作家だという感じがする。この著作集のあとがきの中で関川夏央さんが「状況介入的」という評を紹介しているが、取材対象者の状況の中に半身を突っこんで、一緒に巻きこまれていくことにより、彼女は彼らから見える世界を自ら獲得していったように思えるのだ。

作品の中で、ゲイのパレードに参加するため井田さんが日本の同性愛者の団体のリーダーと一緒にサンフランシスコに滞在するくだりがある。アメリカの同性愛者社会の中にたった一人の異性愛者として身を置くことで、彼女は少数者として存在することの違和感、寄る辺なさ、すなわち日本の実社会における同性愛者の立場を肌身で感じようとする。同じ書き手の立場からすると、それはさり気なさを装っているようで、実のところ確信犯的な取材であるような気もするが、しかしたとえそうだとしても、彼女がプレイヤーを志向して身体的にその状態に身を置くという方法で実感を得るための取材をしたという事実は変わらない。

プレイヤーとして相手の状況に介入することで、相手の見る世界を肉体的かつ感覚的に得ようとする。それはおそらく取材対象者の生き方を、逆に井田さんが呑みこむような取材であっただろう。同時進行中の出来事の渦中に継続的に飛びこむわけだから、取材は数カ月とか一年とかのレベルではなく、数年単位のものになった。そうして得た実感を武器に、彼女は事実を成り立たせている事実性に自らをしっかり接続させるのである。

このようにして事実性を獲得した上で叙述された文章は、結果として客観的でもあり同時に主観的でもあるという不思議な位相を獲得し、非常に強い説得力を持つことになる。登場人物の吐き出す言葉のひとつひとつに、井田さん本人の実感が重なっているものだから、その言葉には異様なまでの力がある。どこもかしこも言葉が上滑りしていないのだ。そしていつしか読み手は、取材対象者のものとして語られている言葉が、実は彼女自身の生きた言葉でもあることに気づかされて、慄然《りつぜん》とする。相手に生きようとする言葉を出させることで、彼女にはその言葉を自分の言葉として書いているようなところがある。

本書の最後で彼女は「まごうことのない事実」として、人間の社会の根本的なあり方に関する鋭い洞察を短い文章で端的に記している。その的確さは短刀を胸にグサッと突き刺されたような感じがして、ちょっと怖いぐらいだった。本書の同性愛者と異性愛者の間の関係性にまつわる細部のエピソードや登場人物の挙措《きょそ》に至るまでのあらゆる事実は、すべてこの「まごうことのない事実」、すなわち彼女の発見した事実性から発せられてきたものだったのである。

ちなみに井田さんの著作集は、まだ完全には読み終えていない。この人の作品は読むのにパワーを必要とするので、一篇を読み終わったら、また少し間をおいて読まないとつづかないというところがある。昨今の流行作家のように、次から次へと読み飛ばすようなことは不可能。作品自体に著者の全霊が憑依《ひょうい》しているので、心して取りかからないといけない。

とにかく今年の夏は事実の捕まえ方について考えさせられた。

読書日記 3

『マイ・バック・ページ』（2011・9・17）

川本三郎『マイ・バック・ページ』を読む。取材当時、著者は朝日新聞社の週刊誌記者。取材で付き合っていた左翼活動家が、過激な行動に走り、自衛隊員を殺害してしまった。事件の前後に犯人を取材していた著者が、この事件にどう対応するかが物語のポイントだ。著者は結果的に証憑湮滅《しょうひょういんめつ》の容疑で埼玉県警に逮捕され、朝日新聞社をクビになるのだが、こうした場合、ジャーナリストにとっての金科玉条とされている「取材源の秘匿」の原則は適用されるのかどうか。

当時の著者は、この犯人は左翼思想に基づき事件を引き起こしたのだから、ただの殺人事件ではなく思想犯であり、「取材源の秘匿」は適用され得ると考えた。だから逮捕されても最初は口を割らなかった。しかし一緒に取材した先輩記者は、これはただの殺人事件であり、思想犯ではないので、「取材源の秘匿」は適用されないと判断し、市民の義務として警察に通報した。

読者としては、この犯人は思想犯ではなく、60年代的な時代の雰囲気に追いつきたいという、犯人の勝手なルサンチマンが引き起こし

映画は見ていない。

（２０１１・10・５）

『１４９１』

チャールズ・Ｃ・マン『１４９１―先コロンブス期アメリカ大陸をめぐる新発見』を読む。１４９２年にコロンブスがアメリカに到達するまでの、北米と南米のインディオの文化を、最新の考古学的知見から明らかにしたもの。

コロンブスがやってくる前のインディオといえば、インカやアステカといった特殊な文明をのぞき、原始の森や太古から伝わる自然の中で、狩猟採集を行いながら静かに暮らしていた人々。一般的に私たちはそう考えていたただの殺人事件であるとの印象を受けた。

だが、「取材源の秘匿」が適用されるかどうかという問題は、犯人が思想犯であるかどうかということと、何か関係があるのだろうか。事件が政治的事件であろうとなかろうと、たとえどんなにおぞましい殺人事件であっても、ジャーナリストが取材者として事件の当事者と接触した限り、そのことを記事にしたとかしなかったとかも関係なく、「取材源の秘匿」は適用されてしまうのではないだろうか。

私は60年代や70年代の雰囲気を知らないので、当時の時代の雰囲気を肯定するか否定するかという観点では読まなかった。取材者と取材先との人間関係の仁義の難しさについて考えた。しかし、こうした仁義の問題に思想犯かどうかという尺度が導入されてしまうあたりが、60年代的だったということなのかもしれない。

るだろう。しかし、この本はそうした従来のインディオ観をことごとく覆す。インカやアステカだけでなく、北米大陸やアマゾンですら、当時はヨーロッパに劣らないほどの人口を抱えた文化が栄えていたというのである。その文化を一瞬で破壊に追いやったのは、残虐なスペインのコンキスタドールではなく、むしろ、ヨーロッパ人が持ち込んだ伝染病だった。

本文が600ページほどの浩瀚《こうかん》の書だが、文体は独特のユーモアに満ちていて、読んでいて飽きがこない。内容も知らないことが次から次へ提示されスリリングだ。だが、この著者の一番素晴らしいところは、徹底した取材に基づいた独特の視点で全体を貫いていることだろう。それは、当時のインディオは自然に翻弄されながら生活していた従属的な存在だったわけではなく、自然に積極的に働きかけ、むしろ自然を管理した自立した存在だったという視点である。その証拠として著者は、北米の大草原はインディオが野焼きによって作り上げた人為的な自然であること、あるいはアマゾンの熱帯雨林も原初の自然などでは実はなく、インディオが食糧を確保しやすいように手をくわえた果樹園のようなものであるという学説などを例にとり、説得力のある論を展開するのだ。そして読者は常識をひっくり返され、ぶったまげるという仕組みになっている。

とても面白かった。ひまな人にはおすすめである。

『マザーズ』

（2011・10・27）

金原ひとみ『マザーズ』を読む。

私は結婚もしていない30代半ばの独身男で、かねてから子供ができるということ、それによって世界観がどのように変わるのかということに強い関心があり、かつ子供もいない自分に少なからぬコンプレックスを抱くルサンチマン野郎である。

これほど母親になるという事実を赤裸々に表現した小説は初めてだ（といっても母親ものは角田光代の『八日目の蟬』ぐらいしか読んだことはないが）。子供を産み、育てることの正の側面と負の側面が、最も鋭利なかたちで表現されている。倒錯した心理描写を一気に読ませる文章力にも脱帽。著者の心情が素直に表現されたラストもよかった。素晴らしい作品だった。

多くの女性が、私が行っているような冒険に共感しない理由も、この小説を読んで分かった。女性は胎内に子供＝究極の生を抱えるので、わざわざ本当の生を求めて外で危険を冒す必要などないのである。よく考えてみたら当たり前のことだ。マーク・ローランズ『哲学者とオオカミ』や国分拓『ヤノマミ』など、自然＝生、死＝生みたいな要素を隣に置いて、生きることを論じるような本を金原ひとみが読んだら、当たり前じゃん、ということになるのだろう。

昔、サバイバル登山家の服部さんから、「角幡くん、子供は山だよ」と言われて、この人、何言ってるんだろうと思ったことがあったが、そういうことだったのか。

読後の感想を一言でいうと、俺も子供を産みたい！　ってそれは違うか……。

あとこんなに面白い小説なのに、アマゾンのレビューはそれほど高くない。アマゾンのレビューなんてまったく気にしなくていいことも分かって、それもよかった。

『アフガン諜報戦争』

（2011・11・2）

スティーブ・コール『アフガン諜報戦争』を読む。本文だけで約800ページの大冊。細かな文字がぎっしりで読み応え十分だ。

ソ連の侵攻からアフガンの歴史を振り返り、そこにCIAがどのように絡んでいたのかを膨大な資料と関係者のインタビューで構成している。サウジアラビアとパキスタンの情報機関と、アフガンの政治勢力、とりわけタリバンとの関係が興味深かった。タリバンやビン・ラディンの背後でサウジとパキスタンがどのような動きをしていたのか、この本を読むとよく分かる。同じ白水社のローレンス・ライト『倒壊する巨塔』と併読すれば、現代アフガン事情に精通すること間違いなしだ。ただし、双方とも分厚すぎて、読み終わった頃には細かなところを全然覚えていないという欠点がある。あともう少し話を先に進めて、ラストにしてほしかった。どちらか読むなら『倒壊する巨塔』のほうが面白い。

実はアフガン、イラク関係のノンフィクションは大好きで、本屋で見つけたものは大体読んでいる。『誰がダニエル・パールを殺したか？』とか『ホース・ソルジャー』だとか。これだけ読むと、いい加減アフガンに行きたくなってくる。最近はタリバンも息を吹き返しているようだし、米軍も撤退するし、また熱くなるのだろうか。

アフガンものじゃなくてもアメリカの分厚いノンフィクションはなぜかよく読む。最近は他にもA・J・ジェイコブズ『聖書男《バイブルマン》』を読んだ。これは約600ページ。現代のニューヨークで聖書の教えを教条的に守って生活した記録。企画は最高に面白いが、日記なので途中で飽きてしまった。家にある未読本としてはデイヴ・カリン『コロンバイン銃乱射事件の真実』があるが、これは面白そう。こちらは約500ページ。

『木村政彦はなぜ力道山を殺さなかったのか』

（2011・11・9）


増田俊也『木村政彦はなぜ力道山を殺さなかったのか』を読む。とんでもない傑作ノンフィクションだ。著者は柔道部出身者。執筆までに18年余りかかったというが、その偏執的なまでの木村政彦と柔道に対する愛情に圧倒された。

木村政彦は主に戦前に活躍した史上最強と呼ばれる柔道家だ。ひそかに柔道ファンである私は、木村政彦が力道山に敗れたことや、プロレスラーになってブラジルに渡り、グレイシー柔術のエリオ・グレイシーに勝ったことぐらいは知っていたが、まさかこれほどの柔道家だったとは。

木村政彦が力道山とガチンコでやって負け

るわけがなく、それを証明するために著者は取材を始める。27歳の時だ（本の出版時は45歳）。本書は木村の柔道を解剖するために、ほとんど柔道史すべてを網羅した本になっている。つまり木村政彦は戦前の古流柔術や高専柔道の流れを受け継ぎ、現代の総合格闘技すら先取りしたあり得ないファイターだったわけだ。

あまりにも木村政彦と柔道に対する愛があふれすぎて、時々、情報の信憑性を疑いたくなる部分もないではないが、しかしもし冷静に記述していたら、逆に本の価値は下がっていたに違いない。熱すぎるまま突っ走ったところが、この本のすごいところである。そしてそうした徹底した取材に基づいた、力道山との試合に関する著者の最終的な結論、というか告白は圧巻だった。これこそノンフィクションだ。すごい。読後は木村政彦の大外刈りを喰らって、脳震盪《しんとう》を起こしたような気分になる。

わたくしごとになるが、今月の「群像」12月号にエッセイを書いた。最近、コンパで全然もてないというどうでもいい話なのだが、目次を見ると、増田さんもエッセイを書いていた！

題は「女性を強く感じた瞬間」。

読んでみると、こちらもすごすぎる。何だかダブルで寄り切られた気分だ。

最近読んだ本

（2011・12・23）

連載の執筆で忙しくて、ブログを書く余裕がない。最近読んだ本の中から、印象に残ったものをいくつか紹介する。

ローワン・ジェイコブセン『ハチはなぜ大量死したのか』

世界レベルで起きたミツバチの大量死の原因に、スリリングな筆致で迫ったノンフィクション。優れた探偵小説は云々……、といううんちくが何カ所かで書かれている通り、ダニ、携帯電話、農薬など、大量死を引き起こした容疑者が次々と登場し、優れたミステリーなみに全体の構成と文体が練られている。要するに読みはじめたら止まらない。

ミツバチがこんなに農業に深く関与していることも知らなかった。たまたまミツバチは私たちの食糧生産に深く関与している、いなくてはならない「家畜」なので大量死は社会問題としてクローズアップされたが、他にも同様に大量死している昆虫や虫はたくさんいるだろうという。最終的には私たちを取り巻くシステム全体がおかしなことになっていることに目を向けさせる。

サイモン・シン、エツァート・エルンスト『代替医療のトリック』

「kotoba」編集長の田中さんに、面白いと紹介されて読んだ。鍼《はり》、カイロプラクティック、ホメオパシー、ハーブ療法という4つの代表的な代替医療について、臨床試験的な観点から本当に効果があるのかどうかを検証したもの。いずれも効果のほとんどはプラセボ効果で、医学的に見て症状は改善しないとしている。

何ということだ。私は、鍼は医学的な見地から見て、効果があるものと思っていた。その昔、西荻窪の土木会社でアルバイトをしている時にぎっくり腰になって、社長が、よく効く鍼師がいるからとある鍼師のところに連れて行ってくれたことがあった。効果はてきめん、2、3日で歩けるようになり、1週間ほどで職場復帰できたのだが、あれはプラセボ効果だったのか！　基本的には自然治癒で寝ているだけでも治るらしい。そりゃそうだ。若かったんだから。

本谷有希子『ぬるい毒』

本谷さんは美しいので昔からファンである。でも本は読んだことがなかった。

どこかの雑誌の編集部から、誰か対談したい人いませんか？　と訊かれた時に、本谷さんと答えるため、自分の作品とテーマ的に何か共通点がないか探そうと思って読んでみた。

残念ながら、なかった。他の作品も読んでみよう。

H・F・セイント『透明人間の告白』

『本の雑誌』が選ぶ30年間のベスト30　1位」という帯に惹かれて買った。男なら誰でも小さい頃、透明人間になったら、あんなこと、こんなことと妄想したことがあるだろうが、この本はそういう本ではない。

現代（といっても80年代みたいだが）のアメリカ社会で透明人間として生きていくことがどれだけ大変か、ということが上下2巻にわたってたっぷりと語られる。あんなことや、こんなことは、ちょこっとだけする。

ちなみにこのブログを書くために、アマゾンのアフィリエイトの検索ボックスに「透明人間」と打ち込んだら、エッチなDVDだとかアニメがずらりと並んだ。やっぱりそういうことなのね。なお、この著者は明らかに巨乳好きで、女性が登場するたび、しつこく胸について描写する。そこは非常によい。

「本の雑誌」といえば、今年の3冊に『オスカー・ワオの短く凄まじい人生』『マザーズ』『木村政彦はなぜ力道山を殺さなかったのか』を選んだ。いずれも新潮社だが、他意はない。

『笛吹川』

（2012・1・31）


深沢七郎『笛吹川』を読む。「本の雑誌」の、3万円の図書券で好きな本を買う企画の中で選んだ1冊だ。

舞台は戦国時代の甲斐。武田信玄が生まれた時から、勝頼が死ぬまでの、6代にわたる農民一家の物語なのだが、いやはや、とんでもない小説だった。最初は場面展開が早く、話の主語がすぐに変わってしまう文体にとまどったが、慣れると、深沢七郎独特の土俗的な世界観にずるずると引きずり込まれ、一気に読み終えた。

解説の町田康の言葉を借りれば、この物語に書かれているのは、どうしようもないことに直面した時、人間はどうなるのかということである。いくさ、大水、お館様などなど、この農民一家の周りでは、どうしようもないことが結構、気軽に頻発し、それに振り回されて人々が簡単に死んでいく。簡単にいうと、命が軽くて、そのことを登場人物は変に達観している。

おそらくこの物語が現代の私たちに異様な迫力を感じさせるのは、私たちの周りに、こうしたどうしようもないことがなくなってしまったからであろう。いや実はあるのだが、少なくとも私たちは日常生活の中で、どうしようもないことがあることを、ほぼ意識しなくなった。そして、どうしようもないことに振り回される世界を異質なものに感じる一方、それを意識しなくなってしまった自分たちの世界の平たさにも気がつき、心のどこかで、あっちのほうが本当だったのではないかという気にさせられるからである。

個人的には『楢山節考』よりも傑作に思えた。いや、読んだ時期の問題なのかな。自分の年齢や経験のせいなのかもしれない。『楢山節考』も読み直そうかな。

『宿屋めぐり』『パンク侍、斬られて候』

（2012・2・28）

最近、町田康の小説『宿屋めぐり』『パンク侍、斬られて候』を読んで、大変な目に遭った。

私は別に文学には全然詳しくないが、日本の現代作家で天才と呼べる人がいるとすれば、それはやはり町田康だと思う。2冊とも内容が哲学的で、今、私たちの目の前の現実がどこまで本当なのか、虚構なのか、何が本当で何が本当でないのか、強烈にわけの分からない文体で解き明かそうとしている。デカルトのコギトエルゴスム（我思う、ゆえに我あり）を日本語に翻訳して、長編小説にしたらこうなるんだろうなあ、という感じだ。

『パンク侍』の高橋源一郎の解説が秀逸で、

この小説はもうすごすぎてわけが分からないという感想を吐露して、解説自体、わけが分からなくなっている。

この人の小説を読むたびに、何でノーベル文学賞をとらないんだろうと不思議になるが、でもよく考えたら、こんな文体、外国語に翻訳できないから当たり前なのかもしれない。翻訳されているのだろうか。そのへんはよく分からない。

大変な目に遭ったというのは、ひとつは『パンク侍』に出てくる腹ふり党に感化されて、時々、家で腹を振ってしまうことである。とりわけ酔っぱらった時は腹を振ってしまう。今も酔っぱらっているので、これから振ろうと思うのだが、腹ふり党の実践活動はふざけているように見えて、実は意外と奥が深いんじゃないかと私はにらんでいる。単調な動作を連続させるという行為は、世界における自己の存在を認識する上で極めて有用な身体活動のような気がするのだ。

ということで、私は『パンク侍』を読んでから、時折、家で思い立ったように腹を振ってみるのであるが、これが実に難しくて、人間、なかなか腹は振れないということに気づかされる。腹を振っていると思っていても、実は振っているのは腰で、腹ってどうやって振るのか、全然分からないのだ。しかも私は腰痛持ちなものだから、腹を振ろうとして、腰を振って、腰が痛くなったりしている。

もうひとつは、実務上の問題だ。

現在、私はあるエッセイを書いているのだが、それがたまたま『パンク侍』の読書期間と重なり、町田康の文体に思いっ切り引きずられてしまったのだ。もう書いている間は変に覚醒していて、腹を振るがごとく、ポンポン言葉が出てきて、もう俺って天才なんじゃゃないかとすごい勢いで2日間、ノリノリで文章を書いていた。そして恥ずかしいことに、実際、知り合いに、俺って天才かもしれないと言ってしまったりもしていた。

しかし『パンク侍』の洗脳が解けた後に読み返してみて、私は愕然とした。この文章、終わっている……。終わっているし、終わりすぎている。こんなもの、絶対に人目に触れさせてはいけない。ああ、恥ずかしすぎる！そう思って、すっかり落ち込んでしまったのである。

あのノリノリだった2日間は何だったのだろう。町田康の小説は絶対に自分の作品を書く時に読んではいけない。

『メルトダウン』

（2012・3・20）

大鹿靖明『メルトダウン』を読む。

最近、これほどのめり込んで読んだノンフィクションは他にない。原発事故発生直後の緊迫したやりとりから始まり、その後の菅内閣の原発・エネルギー政策決定の過程や、経産省の現体制維持を目的とした反動的な動きに至るまで、現在知り得る限りの舞台裏をスリリングな筆致で描き切っている。

事故発生直後の東電幹部の無能ぶりや、その後の経産省幹部の姑息な暗躍や策動には、怒りを通り越して、あきれ返ってしまった。

昨年の震災発生当時、私は北極にいて、事故や政治の動きについて詳しく知る機会がなかったため、帰国後に原発関連の本を何冊か貪るように読んだが、それでもこの本ほど、東電、官邸、霞が関の当事者たちの動きを生々しく伝える作品は他になかった。こんな人間たちに国の根幹にかかわる政策のかじ取りを任せているのかと思うと、心底嫌になる。

『ヒルズ黙示録』を読んだ時も、ライブドア関係者に思いっ切り肩入れした熱い筆致に感動させられたが、本書はもっと義憤に駆られて書かれたような感じがして、その怒りがぐいぐいこちらにも伝わってくる。こんなに読んでいて頭にくる本もないだろう。

細かい部分だが、情報源を本文の中に盛り込むのではなく、巻末にまとめて提示しているところなどは、アメリカの調査報道系ノンフィクションの手法を取り入れたのだろうか。「〜によると」みたいな情報源を提示する文言があまりないので、小説を読むように、つっかえることなく一気に読むことができる。

大鹿さんはジャーナリストとして今、日本

で一番力のある書き手ではないだろうか。事故発生から1年でここまでの記録をまとめる手腕は、圧巻の一言。とにかく多くの人に読んでもらいたい本だ。

『日本人の冒険と「創造的な登山」』（２０１２・５・19）

解説を書いた本多勝一さんの『日本人の冒険と「創造的な登山」』が届いた。

この本は、本多さんの登山や冒険、遭難報道に関する評論やルポルタージュをまとめたもの。『山を考える』『冒険と日本人』『リーダーは何をしていたか』の3冊から、主な作品を収めて、このたび文庫本となった。

本多勝一のルポルタージュや冒険論は、学

生の時にかなり読んでいて、相当な影響を受けていたので、山と溪谷社の神長さんから解説の依頼を受けた時は身の引き締まる思いだった。送ってもらったゲラをロシアに持ち込み、ウオトカを飲んでいない時に断続的に目を通した。

久しぶりに本多さんの冒険論を読んで、実は結構ショックを受けた。私はこれまで自分でそれなりに独自の冒険論を築き上げてきたつもりだったが、実はそれが本多さんの冒険論の焼き直しに過ぎないことを思い知らされたからだ。自分のオリジナルだと思っていた理論はすでに本多さんの本に書いてあったのだ。本多さんの冒険論は学生の時に読んでいたため、部分的にしか覚えておらず、でもたぶん何となく頭のどこかには残っていて、それが自分の中でオリジナルな冒険論となって再生産されていたのだろう。

何ということだ。まあ、しょうがないか。

ということで、解説では「反体制としての冒険」、というタイトルで、自分でオリジナルなものだと思っていたけど、実は本多勝一がすでに昔、展開済みだった冒険論を書いている。さすがに本多勝一の解説なので、ロシアで数日かけてじっくり書こうかと思っていたが、普段から結構考えているテーマだったので、1日ですらすら書けてしまった。自分でいうのも何だが、冒険とは何か、ということについて書いた文章の中では、最も本質を突いていると自負している。もちろん解説なので、原型は本多さんの冒険論にあるのだが……。ちなみに、本多さんご本人にも喜んでいただけたようで、お礼の手紙をいただいた。

あと、この本では驚いたことがもうひとつあった。

何と、著者プロフィールのところに、本多

勝一の素顔の写真が載っているのだ。いつ、カツラとサングラスを外したのだろう……。こんな顔してたんだ。初めて見た。

『ピダハン』

（2012・5・24）

D・L・エヴェレット『ピダハン』を読む。今年のナンバーワン本はこれで決定だろう。とんでもない本である。

ピダハンとはアマゾンに住む少数民族で、著者のエヴェレットは伝道師としてピダハンのもとに赴き、30年ほど住み込む。目的は聖書をピダハン語に翻訳することなので、言語学者としてピダハン語を習得することも重要な任務だ。

その結果、著者はピダハン語には、チョムスキー以来の言語学界の主流であった理論が通用しないことを思い知らされる。人間のあらゆる言語には共通の文法（関係節による再帰という概念らしい）があり、それは人間に言語本能なるものが備わっているから、というのがチョムスキーの理論であるらしいのだが、ピダハン語には、その再帰という構造が見つからないというのである。

要は、著者はピダハン語を研究することで、「人間には言語本能なんてない」という可能性を発見してしまったのだ。チョムスキーの学説は間違っていたと、世界有数の頭脳に喧嘩をふっかけたわけだ。

言語本能がないということは、人間の言語の文法は、それぞれの民族の文化の影響を受けて成立しているということになる（これは当たり前のようであるが、当たり前ではないらしく、詳しくは本書を読んでほしい）。

ピダハン語を規定しているピダハンの文化のポイントは、自分たちが直接体験した事実や話しか信じないという原則である。なぜなら、ピダハンが住む環境は、生と死が充満した自然の中であり、彼らはその自然の瞬間の中を生きているからだ。彼らは魚を釣って、動物を狩り、子供を産んで、マラリアにかかって死ぬ。自分の身は自分で守るのが原則で、それが人生のすべてなのだ。

その結果、どういうことが起きるかというと、著者は伝道師なので自分の信仰を捨ててしまうのである。どうやら家庭も崩壊したらしい。伝承に支えられた信仰よりも、ピダハンのリアルな生のほうが本物だ、と気づいてしまうのだ（ネタバレのようだが、著者が信仰を放棄したことは本のカバーの紹介にも書いてあるので、まあOKでしょう）。

このへんは、マーク・ローランズ『哲学者とオオカミ』を彷彿《ほうふつ》させる。頭のいい人が、人間は何のために生きているのかを真剣に考えると、哲学よりもオオカミ、キリストよりもピダハンのほうがよく知っていることに気づいてしまうのだろう。

このように内容をかいつまんで説明すると、堅苦しい本のように聞こえるだろうが、文体はユーモアたっぷりで非常に読みやすい。難しい言語学の理論でさえ、身近な例を用いて説明してくれるので、本当にそんなに単純なのかと読んでいるほうが心配になるくらい分かりやすい。唯一、不満だったのは、妻や子供との、その後の関係に触れていない点である。信仰を捨てた結果、どうやら家庭も崩壊したらしいのだが、できればその崩壊過程も知りたかった。ケレンとは一体、どうなったんだ？

みすず書房の本なので3400円と高いが、5500円でも読む価値はある。

『ノンフィクション新世紀』（2012・8・11）

石井光太さんが責任編集した『ノンフィクション新世紀』の見本が届いた。

彼がノンフィクション講座で対談した藤原新也、松本仁一、高木徹、森達也各氏とのやりとりの他、様々なジャンルの書き手が挙げたノンフィクション・ベスト30などが掲載されている。巻末には1980年から2012年の間の主な作品を網羅したノンフィクション年表や、河出書房新社編集部の武田さんがまとめたノンフィクション作家論まであり、ありがたいことに私も一番最後に紹介されている（武田さん、ありがとう！）。

私もノンフィクション・ベスト30の原稿を書かせてもらった。たぶん沢木耕太郎さんや柳田邦男さんや辺見庸さんや佐野眞一さんら大御所の本は皆選ぶだろうから、特にベスト5には、なるべく他の人が選びそうもないものを挙げておいた。2位には高野さんの『西南シルクロードは密林に消える』を挙げたのだが、その意味ではちょっと失礼だっただろうか。5位に挙げた『ザ・ゲーム』という本は予想通り私以外に誰も選んでいない。してやったりである。

とにかくノンフィクションに対する石井さんの熱い気持ちが伝わってくるので、ノンフィクション好きにはおすすめです。

読むの無理

（2013・1・28）

先日、ひそかに帰国した。旅から戻った時は毎度のことだが、今回も異常なまでの活字への欲望に悩まされている（ちなみに書くほうではなく、読むほうだ）。ここ3日間は本屋に行っては書籍を購入し、帰宅して、こんなに読めるわけがないと呆然とするということを繰り返している。

帰国後、最初に読んだのは辻邦生『安土往還記』。カナダ滞在中に読んだ『西行花伝』に感銘を受けたからだ。同じことを書いているけど、こちらも迫力のある作品。この2冊で辻邦生の文章世界に衝撃を受けた私は、帰国した翌日、『背教者ユリアヌス』も読まねばと本屋に駆け込んだ。しかしあまりの長大さに思わずたじろぎ、急きょ、『嵯峨野明月記』に変更した。

その後、店内をうろついていると、村上春樹によるチャンドラー『大いなる眠り』の新訳を発見。チャンドラーは大好きだが、考えてみると、マーロウものの第1作である『大いなる眠り』は読んでいなかったので、まよわず購入。さらに書評コーナーでベアント・ブルンナー『月』という魅力的な装丁の本を見つけた。白水社の翻訳ノンフィクションに外れはまずないし、北極では月には助けられたり、悩まされたりもした。自分がこの本を読まずして誰が読むんだと、変な義侠心みたいなものが出てきて、これも購入。何ということだ。『背教者ユリアヌス』を買いに来たのに、全然違う本を3冊も買っている。

帰宅したら、アマゾンから門田隆将『死の淵を見た男』が届いていた。おお、帰国直前にカナダで頼んでいたことをすっかり忘れていた。チャンドラーの乾いた文体も魅力的だが、命をかけて原発事故と戦った熱い男たちの物語に涙を流してもみたい。おっと、そうじゃなくて、その前に辻邦生だった。

次の日、さっそく買った本を読もうと本棚を見回したところ、全然関係ない大江健三郎『個人的な体験』を見つけ、一気読みする。大江健三郎なんて学生の時に『性的人間』と『日常生活の冒険』を読んだ後、『同時代ゲーム』に挫折して以来、十数年ぶりに読んだ。こんなに面白かったっけと突如、大江ブームが高まり、アマゾンで『万延元年のフットボール』を買う。それにくわえ、一昨年の北極探検の後に買った『ウィトゲンシュタイン哲学宗教日記』も本棚で見つけて、ついついつまみ読みしてしまう。辻邦生ブームはどこにいったのだろう。

昨日は明治神宮に遅れればせながら初詣に行き、ついでに代官山蔦屋書店に立ち寄った。全然、本なんて買うつもりはなかったのに、運悪くマーシャ・ガッセン『完全なる証明』が文庫化されているのが目に入った。単行本が発売された時に、何度か買おうと思って、結局やめた本である。あとは辻原登『冬の旅』が面白そうだったので、2冊購入。一体、いつ読もうというのか。

今振り返ると、カナダにいた時はメルヴィル『白鯨』とかダンピア『最新世界周航記』などといった、読んでいて疲れる海外文学の古典ばかりだったので、帰国したら絶対に一気読み必至の横山秀夫『64』を買おうと思っていたのだが……。それに読まなきゃいけない資料もあるし、冬の北極に行って、改めて植村直己『北極圏一万二千キロ』を読み返さなければならないと思っていたのに。

そして今もまた本屋に行きたくなっている。先日読んだ『月』の巻末の刊行案内に、出雲晶子『星の文化史事典』という魅力的な書籍が載っていて、買いたくてしょうがないのだ。それにアマゾンで関連商品を見ていて『望遠鏡以前の天文学』という、これまた魅力的で、かつ高価な本も見つけてしまった。一体どんな本なんだ！　気になってしょうがない。あとで本屋に行って確認してみよう。

（２０１３・２・15）

『赦す人』

大崎善生『赦す人』を読む。

大ＳＭ作家団鬼六の評伝ノンフィクションである。大崎さん独特の情緒的な、対象にどっぷりと肩入れした文体が好きな人にはたまらない。『聖《さとし》の青春』も『将棋の子』もそうだったが、大崎さんのノンフィクションは面白すぎて他のことがまったく手につかなくなってしまうという、困ったところがある。

この本もそうだ。おかげで、昨日から極地探検における天測の例を調べようと思っていたのに、机の上に山積みになった資料が全然動かなかった。タイトルは『赦す人』のくせに、全然赦してくれないのだ。

相場、エロ、酒、小説、将棋と生涯を遊び尽くし、稼いでは散財した変態作家・鬼六の奔放な人間像に引き込まれるのはもちろんだが、脇役陣もたまらない。たこ八郎に真剣師小池重明、黒澤明の敏腕プロデューサーとして活躍し、最後は自宅アパートで野垂れ死に近いかたちで発見された本木荘二郎など、破滅していった人間に、著者の深い愛情が注がれている。

昭和一桁世代に対する哀惜も本書の基調を成している。前半に「一期は夢よ、ただ狂え」という言葉が時折出てくるが、本当に狂うことができた昭和一桁世代に対する、それは共感の言葉である。狂うことができた人間こそ人間なのだという思いが根底にある。

こんなふうに人間を書けるのは、大崎さんに人間の弱さをつつみ込む優しさがあるからだ。この本の中で書いているが、若い頃に作家を目指して将棋にのめり込み、人生を持ち崩しかけた経験が本人にあるためだろう。

赦す人というのはもちろん団鬼六のことだが、大崎善生本人が赦す人になっている。そんな本である。

『メモワール』

（2013・3・2）


小林紀晴『メモワール』を読む。

新聞書評やテーマの重さから、ものすごい本だというのは想像していた。それだけに、打ちのめされるのが怖くて読む気が起きなかったが、読んでよかった。ものすごい本だった。写真家はなぜ写真を撮るのかを突きつめた作品だ。

写真家である著者は、同じく写真家である古屋誠一を20年にわたり追いかけた。出発点は古屋はなぜ自殺した妻の最後の姿を写真に収めたのか知りたかったからだ。

そこにあるのは業としかいいようのない写真家の呪われた目だ。当然、同じ写真家である著者の目も呪われている。プロローグとエピローグでは、9・11と3・11の現場に赴く写真家のエピソードも織り交ぜられているが、彼らもみんな呪われた目を持っている。妻の生と死に執拗にこだわりつづける古屋を通して、著者はおのれの、そして写真家の呪われた目に深い考察を向ける。

文体もテーマにぴったり、こんな文体は初めて読んだ。写真を一枚一枚きざむように、著者は古屋の動きを丹念に記述する。その動きが古屋の内面を浮かび上がらせるようで、何だか怖いのだ。簡潔で重苦しい。コツン、コツンと病院の廊下で靴音がつめたく響くような文章だ。写真家の文章とはかくも恐ろしいものなのか。

こういう本を読むと、どうしても自分のことに引きよせて考えてしまう。文章を書くことも、表現であるという点で考えると写真と変わらない。3・11の時、私はカナダにいたが、被災地を訪れたいという欲求に悩まされた。あれは被災地をルポすることで、何かを表現したいという欲求があったからだろうか。登山も冒険も表現であることには変わらない。私が危険を顧みず衛星電話もＧＰＳも持たずに北極に行くのは、それにより自分の世界観が表現できると考えているからだ。友人のナメタロウ氏は那智の滝を登って逮捕され、社会的制裁を受けたが、それもこれも那智の滝を登ることが彼らの表現だったからだ。表現とは狂気をはらむものなのである。

しかし写真ほど自分が呪われていると感じる表現はないのかもしれない。カメラは暴力だし、他人の領域にずかずかと踏み込んでいかざるを得ないから。

今年のナンバーワン決定！　と思ったら、去年の本だった。そういえば年末年始は北極に行ってたんだった。

『世界しあわせ紀行』

（2013・3・10）

エリック・ワイナー『世界しあわせ紀行』を読む。不幸な国の不幸な人々ばかり取材してきたアメリカのジャーナリストが、幸せな国を求めて世界を旅する旅行記である。オランダの幸福学の教授などが算出した幸福度調査を基準に、幸福度の高い国や、逆に幸福度の低い国を訪れ、彼らは本当に幸せなのか、幸せとは何なのかを問いつづける。

と簡単にいうとそういう本なのだが、何といってもこの本の魅力は文章にある。

とにかく文章が面白い。アメリカのノンフィクションにはユーモアを利かせた作品が少なくないが、これは群を抜いている。群を抜いているというより、度を越しているというのに近い。しかし不快ではない。どんなにユーモアの利いた本でも、通常は読んでいてニタニタ笑いが抑えられない箇所は、1冊の中で4、5カ所ぐらいだろうが、この本はほぼ全ページにわたってちりばめられている。

文章自体が面白すぎるため、内容に関してはほとんどどうでもいいとさえ思えてくる。読み終わった時に、そういえばこの本は一体何が言いたかったんだっけ、と忘れてしまい、その結果、本の全体的な価値を少し下げてしまっているという珍しい本である。

発行は昨年10月だったかな。今までこんな本が出ていたことに気づかなかったことが不思議でならない。たまたま早稲田に用事があり、その帰りに高田馬場の芳林堂に寄って見つけたからよかったものの、芳林堂に行かなかったら、読むことはなかっただろう。そういえば、芳林堂に寄ったのは、「kotoba」の最新号で本屋特集をやっていて、その中で読書家で知られるピースの又吉直樹が、通りかかった本屋には絶対に立ち寄るというようなことを言っていたことを思い出し、わざわざ早稲田から芳林堂まで足を延ばしたのだ。そう考えると、この本と出会えたのも、ピース又吉のおかげである。ありがとう、ピース又吉！

『私のように黒い夜』（2013・11・24）

久しぶりに本の紹介。最近、朝日新聞やPR誌の書評、それに文庫の解説の仕事が多くて、自分が読みたい本がなかなか読めなかったが、この本は久しぶりに強い読後感に打ちのめされた。先日、朝日新聞紙上で高野秀行さんと対談した時に教えてもらった本だが、こんな名著のことを今まで知らなかったことを恥じ入るばかりだ。

この本は1959年に、白人である著者が人工灯による太陽光照射と薬物で肌の色を焼いて、つまりまるっきり黒人になり切って、当時人種差別の激しかった米国南部を旅した記録である。黒人になることで著者は白人の時にはまったく体験しなかった差別、嫌悪を体験することになる。

驚くべきことに当時の南部において黒人は公衆便所を使うことさえ認められていなかったらしく、トイレを求めて町を横断するといったことはざらだったらしい。バスや店先で浴びせられる汚いものを見るような視線、侮蔑的な罵声、人間を動物以下としか見なさない、白人に対する態度からは想像もできない人種差別主義者たちの人間性の欠如を実感することになる。

これは絶対に白人だったら見えなかった、書き記すことのできなかった現実である。この時の対談は探検・冒険本特集で、高野さんはこれをそういう本の1冊として選んできていたのだが、著者は命の危険も感じているので、まさに冒険である。身体を張って別の位相にある世界に切り込んでいくという意味では『狼の群れと暮らした男』に近いものを感じた。もちろん社会の不正義を告発しているのだから、それ以上にジャーナリスティックな内容である。

日々本本4

小説篇2

雨の西落合付近

町田康『告白』を読む

町田康の『告白』を初めて読んだ時、私は外に飛び出して走り出さずにいられなかった。雨が降っていたかもしれない。降っていたと思う。なぜなら降っていたという状況を私は望むからである。雨の中を闇雲に走るという情景こそ、その時私が受けた衝撃にはぴったりだった。

私は読後しばらく椅子の上から動くことができず、三十分ほど呆然と虚空を見上げていた。そして、熊太郎（主人公）はなぜこんなことになってしまったのかという鉛のように重たい余韻の前に心が立ちすくんでしまい、その驟雨《しゅうう》のごとき晴れない気持ちを振り払うためにジャージに着替えてランニングシューズを履かなければならなかった。

今振り返ると、その衝撃の中には自分は絶対に書き手としてここまでは到達できないのだ、という敗北感が少なからずあったと思う。

記者やノンフィクションの書き手の中には、小説はズルいと言う人がいる。要するに小説は取材や経験で事実を獲得しなくても書けるのだから楽だという考え方である。しかし、そんなことを言うならお前が小説を書けばいいじゃないかと私は思う。ノンフィクションにはたしかに事実であることを担保にすることで初めて読者に与える衝撃というものがあるが、しかし同時にそのことが事実という縛りを自らに課し、結果、真実には永久に到達することができないという限界を生じせしめてもいる。つまりノンフィクションとは事実を積み上げることで真実に接近することまでしか許されていない手法なのだ。ところが小説はそうではない。小説というのは事実性から解放されていることによって得られた想像の翼で真実に到達することができる。もちろんそれは優れた小説という条件付きだが、優れた小説は事実を噛み砕き、消化し、ぎりぎりとエッセンスを蒸留して最後に真実を搾り出す。この真実の搾り出し作業は、エッセンスを事実から飛躍させて初めて可能になることで、ノンフィクション的手法で現実のエピソードやシーンをいくら羅列してもそこに到達することはできない。事実は小説よりも奇なりという言葉があり、それは私も多くのケースで当てはまると思うが、しかし時に事実を圧倒的に凌駕する真実を吐き出す小説というのがあるのである。そして『告白』はまさしくそういう小説だった。

この作品は河内《かわち》音頭のスタンダードナンバーとして知られる河内十人斬りをモチーフにしている。河内十人斬りとは、明治二十六年に熊太郎と弥五郎という二人の男が恋の恨みと金の恨みを晴らすために十人を殺し、最後は山中で自決した実際の事件で、殺人の舞台となった集落の名前をとって「水分騒動」とも呼ばれているらしい。実際の詳しい事実的経過についてはよく知らないが、『告白』では事件を起こした熊太郎の生い立ちにはじまり、彼の心的原風景を形成した悶着や事件、そしてその悶着がトラウマとなりいかに彼の意識が社会の規範からずれていき、最終的に十人もの人間を殺害するに至ったか、その熊太郎の心理的ないし思弁的経過が、町田康独特の、時にふざけているんじゃないかと思わせる理屈っぽくて形容不能な文体で描かれている。一人の人間が同じ人間を殺すに至るまでの苦悩と困惑の全過程が、うねうねとした道筋をたどって詳細に語られるのだ。

『告白』の真実の搾り出し作業の激しさは、他の小説ではちょっと例がないのではないかと私には思えるほどだった。それはラストのシーンに象徴されているように思えた。主人公の熊太郎が自決前に最後にボソッとつぶやいた一言に、私の心はサンドバッグのように叩きのめされてしまったのだ。この一言には文庫本で八百頁をゆうに超えるこの大作が延々と紡いできた熊太郎の悲喜こもごも、万感、悲哀、苦悩、心に刻みつけられた大小無数の傷跡、他人との様々なすれ違いや行き違いなどがすべて表出していた。八百頁以上のボリュームの作品の全重量を、たった六文字で支えているのである。と同時に、熊太郎ならぬすべての人間が心の奥底でひそかに抱えている生きることに対する不条理や絶望をも包括していた。そう、私たちは全員が熊太郎なのだ、と読者にそう思わせる説得力がその一言にはあった。まさに告白。一体、どうやったらこんな一言を書くことができるのだろう。

私は率直にやめてほしいと思った。こんなことが書かれてしまったら、他に書くことなどなくなってしまうではないか。この一言に何かを付けくわえることなどできないではないか……。

その当時、私はまだ物書きとして一本立ちすらしていなかったのだが。

私が『告白』にそれほどの感情の揺さぶられ方をしたのは、熊太郎の人物描写に自分自身を重ねたということもあったかもしれない。

例えば先日、私は妻に次のようなことを言われた。

「あなたって、文章で書いているあなたと話しているあなたが全然嚙み合わないわね。あなたの話を聞いていると、本当に頭が悪そうだわ」

「……そうかなあ」

「そうよ。私が何か質問するとすぐに、何で？　とか、どうして？　って訊くじゃない。何なのアレ？　こっちが訊いているのに、逆質問はないでしょ。私たちの会話を小説に起こすと、まるでバカの会話だわ」

「何で？」

「ほら出た。文章を書かせると、難しそうなことでも理屈を並べて割合分かりやすく書くじゃない。でも話をさせると全然ダメ。お話にならない。あなたのせいで私までバカみたいだわ。バカの一味、迷惑な話よ」

「どうして？」

「どうしてじゃないわよ。会話のつなぎ言葉として５Ｗ１Ｈ型の疑問詞はおかしいと思わないの？　この前、あなたのお母さんが言っていたじゃない。あなたって小さい頃は、口から生まれたんじゃないかっていうぐらいによく喋ったそうね。でも本当かしらって思う。今のあなたの話す姿を見ると、ちょっと信じられないわ。一体、どうしてこうなってしまったのかしらねェ」

私の妻はこういう話し方はしないが、まあ趣旨としては概ねこのようなことを言われた。それに対して私は特に反論しなかったし、傷つきもしなかったし、むしろ笑った。なぜかといえば実際、自分でもその通りだと思うからである。

私は結構、頭の中でわけの分からない抽象的なことをグダグダと思考するタイプの人間だ。例えば、山登りで誰かとすれ違う時にお互いが挨拶を交わすのはなぜだろう。もしかすると原始人の握手みたいなもので、挨拶をして互いに敵意がないことを確認し合い、他人同士だけど信頼を前提とすることで全体として安心安全の山登りを実現するためだろうか、とか、ネットで自分の意見を匿名で書いても、当事者が特定できず発言の責任が担保されない以上、その発言は基本的に無価値で、存在しないも同然の意見である。しかし、だとしたら筆名はどうなのだろう。筆名と匿名はどこが違うのか。そうだ。筆名で書いている人は顔を社会に晒すことで、いい加減なことを書いたら身に危険がおよぶかもしれないという最終的な責任を担保しているわけで、そう考えると言論の責任とは究極的には身体で清算しなければならないものなのである、とかそういうことを考えている。

歩いている時も大体、思考や想念に脳を支配されるため、周囲の光景などはまったく記憶に留めていない。毎日のランニングコースに喫茶店があったことに、ランニングをはじめて一年経って初めて気づいたなどということは、私にとってさして珍しいことではない。山登りの途中でも森の様子や地形の特徴が全然頭に入っていないので、下山の時に「アレ、こんな場所あったっけ?」という間抜けな発言を連発。探検家を名乗っている人間としては致命的なことである。読書の時も同じ。つまらなくなるとすぐに別の思考や妄想に頭が奪われ、読後にこの本は何の本だったのかとよく分からなくなることさえある。当然これは新聞等に書評を書いている人間としては致命的だ。さらに会話でも同じで、相手の話を聞き逃すことが大変多い。つい先日も公開対談の最中に想念に耽ってしまい、相手の方に「……ということでしょ? 角幡くん」と同意を促された瞬間にハッと我に返って、「すいません。全然聞いていませんでした」と答える羽目になった。いうまでもなく、これは人に話を聞く取材者としては致命的である。というか人間として致命的である。

そうした私を致命的人間にならしめている思考・想念癖が、話し言葉となって私の口からあふれて出てくるということは、ほぼない。なぜなら私は口下手だからである。自分の考えや感情をうまく伝えることができないのだ。昔から自然な会話というのが何より苦手で、会話が終了した後もああ言えばよかったとか、この一言を付けくわえるべきだったと反省してばかりである。会話に苦手意識を持つと、円滑な人間関係を築くことも難しくなり、自分の考えを他者に正確に理解してもらうことができないので、そのうち理解してもらうこと自体が面倒くさくなり、「あー」とか「うー」とか「何で？」といった北京原人程度の発語しかできなくなって他者との間に壁というか疎外感を持つようになる。

おまけに私は幼少からひねくれ者で、まっとうな選択をすることや正しい生き方をすることに大きな抵抗感や気恥ずかしさを覚えるタイプの人間だった。どうしても正道からずれよう、ずれなければという強迫観念があり、それが私をして探検家という現代においては意味不明なポジションを選ばしめることになった。そして探検や冒険をしている人間には他人とは違うことをしているのだという自意識過剰なタイプが多く、その世界に染まることでいっそう「俺は正しい人生を送れなかった人間なのだ」という自己愛に基づいた誤った自己憐憫《れんびん》を育てていき、それが凝り固まって憐憫のスパイラルに陥ってどんどん正道からの遊離意識が進んでいくのだ。

私はそのような傾向を熊太郎にも感じた。

『告白』で熊太郎は正道からの遊離が極めて先鋭的に進んだ人間として描かれている。彼は私より十倍は思弁的な人間で、五倍ぐらいひねくれ者だ。熊太郎には森羅万象を根源的に突きつめて考える癖があり、周囲に当然と見なされている事柄も真剣かつ論理的に思弁し、その矛盾を明らかにするような人間である。しかし彼のそうした純粋な思弁は表に出ることはない。なぜなら彼の話し言葉は直截的でぞんざいな言い回ししかない河内言葉だからである。時に彼の口から河内言葉で思弁がダダ漏れになることがあるが、その思弁は核心に至るまで迂遠《うえん》でだらだらと回り道をつづけるばかりなので、周りの耳にはただの変人の気色の悪いつぶやきにしか聞こえない。彼には複雑な思弁を正確に表現する道が最初から閉ざされており、そのせいで自分は他人とは違うという自己認識ばかりが内部で育まれていく。

しかも彼はひねくれ者で直線的な正しいやり方を忌避する性格だったため、幼馴染が選択したようなまっとうな百姓としての暮らしが野暮に思え、いつの間にか酒と博打《ばくち》に明け暮れる無頼者の道を選んでしまう。元来は真面目な性格なので、たびたびまっとうな道に戻ろうと努力するのだが、彼の行き場のない思弁はすでに龍のように巨大化しており、自分は他人とは違うのだ、誰にも理解してもらえないのだという自己憐憫のスパイラルに陥ってしまう。そして正道からの遊離がどんどん加速し、ついには引き返しが不能な地点に到達してしまうのだ。

熊太郎のラストのつぶやきは、いつの間にか戻れなくなった男の痛哭《つうこく》のように聞こえた。誰もがこうなる可能性があるような気がした。熊太郎だってもともと皆と同じ地点にいたはずなのに、真面目に物事を考えていたのに、少しのボタンのかけ違いや認識のすれ違いのせいで、知らず知らず正道からそれていき、望んでもいないのに十人を殺すような袋小路に自らを追いこんでしまっていたのだ。彼のラストの一言は、本来は普通であったはずの男が最後にようやく到達した正確な自分への感想に聞こえ、私の胸に晩鐘のごとく鳴り響いた。その自分の存在が揺さぶられるような読後感から逃れるため、私は雨の中を走り出さざるを得なかった。

さて、私は先日から取材でグアムを訪れており、移動の飛行機の中で四、五年ぶりにこの小説を読み返した。一度、読んでいるので、最初と同じような衝撃を受けることはよもやあるまいという気楽な読み返しであった。

しかし、その予測は見事に外れた。

ホテルの部屋で読了した時、私の頭はあの時と似たようなもわっとした重たい読後感に覆われた。グアムの熱帯の湿った空気のせいもあったのか、読書の余韻が重くて全然寝付けない。ベッドの上で妙に意識が高揚して目がぱっちりと冴え、身体が熱くなって何だか汗まで滲んできた。私は何度も寝返りを打った挙句、たまらなくなってエアコンの設定温度を二度下げた。

なぜ二度目なのに、同じような衝撃を受けたのか。

読んでいる最中からおかしいなと思っていたのだが、物語がラストに向けて疾走するに至り、私は明確な違和感を覚えるようになっていた。

話の中身を全然覚えていなかったのである。

あれ、おかしいな。こんな展開だったっけ？　私は物語の最後をかなり明瞭に記憶していると思いこんでいたのだが、実際の物語はその記憶通りに全然進まない。場面はまったく記憶にない描写となって展開し、ここで最後のつぶやきを残したはずだと私が思っていた場面になっても熊太郎はつぶやかない。というか、熊太郎がどこかに行ってしまった……。違和感を抱えたまま私は一気に頁をめくってついにラストに突入したが、そこで熊太郎は私の記憶にない内省をするのである。あれ、熊太郎、こんなことを思いつめて自決したんだっけ？

読み直して初めて気がついたのだが、実は熊太郎はその私の覚えていない内省をすることでラストの一言を漏らしていたのだ。たぶん最初の読書の時は興奮して余裕を失ったまま一気に読み進めたので、私はこの大事な内省を嚙み砕くことができないままものすごい勢いでラスト一言に突進し、早合点して衝撃を受けたのだろう。しかし改めて読むとこのラスト一言は、熊太郎が私の記憶にないその内省をすることで認識がさらに深まって、その上で吐き出された一言だったと分かる。つまり私が最初に読んだ時の理解よりも、さらに一段深い視点から述べられていた言葉だったのである。

何ということだ。私は読み間違っていたのだ。誤った衝撃を受けて雨の西落合付近を走っていたのである。

あのひとっ走りは一体何だったのだろう……。

六道輪廻をゆく

辻邦生『西行花伝』を読む

奈良吉野の金峯山寺《きんぷせんじ》を出立したのは、寂寞とした暗がりが森の隅々にまでしみこんだ深夜零時のことだった。

まずは行者さんたちが水を浴びて般若心経を唱えるという人工的な滝に立ち寄った後、約五百段の階段を上って蔵王堂に一礼。そのまま街灯がぼんやりと照らす古い門前町をつらぬく急坂を登っていくと、吉野水分神社の鳥居に出た。神社を過ぎて山林に囲まれた街路を進んでいく。一瞬、道の向こうで黒い不気味な人影らしきものが右から左に素早く横切り、ゾッとした。何しろこのあたりでは南北朝期の戦乱で多くの侍が討ち死にし、それが蓬髪《ほうはつ》の地縛霊となって行者の前に姿を現すとかいう怪しげな話を事前に聞いていたからだ。

あたりは秋のひんやりとした空気につつみこまれていた。霊ではあるまいかという妙な緊張感に、気のせいか口の中で生唾がわいた。影が走った暗闇に目を凝らしながら歩みを進めていくと、しかし静謐な木立にいたのは、あどけないまなざしを向ける鹿の親子だった。

九月上旬のことである。

金峯山寺の本尊である蔵王権現は、役行者《えんのぎょうじゃ》が木の実を食し、木の葉をまとった苦行の末に感得したという修験道の仏であり、金峯山寺から大峰山《おおみねさん》に至る険阻とした山道は今も一部が女人禁制とされた荒行の場である。欲得、煩悩に常に頭を惑わされている超俗人たる私が、この峨々《がが》とした解脱目的の山に足を運んだのは、何も我執を取り払い、人間として一段高みのステージに到達することをもくろんだからではなかった。ＮＨＫの番組で、大峰山で千日回峰行という荒行をやり遂げた高名な阿闍梨と対談することが決まり、ディレクターから彼が歩いた回峰行のルートを実際に体験してもらえないかと要請されたためである。つまり荒行一日体験、千日回峰行ならぬ一日回峰行である。

依頼された時、私は大峰千日回峰行についての詳細をよく知らなかった。率直にいって、千日も繰り返す行なのだから、一日あたりの運動量などたかが知れているだろうとなめていたところがあった。しかし打ち合わせでディレクターから大峰山の地図を見せられてルートの概略を知らされた時、その距離の長さに私はひそかに目をむいた。スタート地点の金峯山寺から大峰山頂まで片道二十四キロ、高低差にして千三百七十メートルもある。しかもこの高低差は単純に山頂から金峯山寺の標高を引いた数字なので、実際にある途中のアップダウンも含めると千五百メートル以上となるだろう。つまり千日回峰行では千五百メートル登って、千五百メートル下りる山道を往復で五十キロ近く、来る日も来る日も歩かなければならないのだ。

「どうします？　下山も同じルートから下りますか？」とディレクター。

「もちろん。同じ道を通らないと実際のことが分からないですからね。なんなら行者さんと同じく、行燈を片手に足袋で歩きましょうか」

そう悠然と言い放ってみせたが、内心は大丈夫だろうかといささか不安だった。何しろ最近は仕事に忙殺されて山にはまったく行けておらず、運動不足気味の気配さえある。さすがに途中でリタイアという失態はないだろうが、撮影が入ることが気になった。できればカメラの前では阿闍梨のコースタイムを上回るハイペースで下山して、「まあ、なかなか大変な道ですね」と余裕綽々《しゃくしゃく》の言葉を残し、さすが探検家を名乗るだけのことはあるなぁと視聴者に思われたいところである。要するに体面、世間体、見栄、虚栄心。煩悩に完全に頭を支配された私は、大峰で醜態を晒さないように、日々のランニング量を九キロから十六キロに増量し、またディレクターに内緒で奥多摩駅から雲取山間の片道二十キロ、高低差千七百メートルの山道を日帰り往復するなどし、急ごしらえで身体を作っておいたのだった。

金峯神社から先は時折、林道の交錯する山道となる。タクシーが乗り入れることのできる場所まではディレクターとカメラマンが同行したが、山道となってからは完全に一人となり静寂な涼しさの中を黙々と歩いた。その日は偶然にも満月で、山道の走るスギの人工林は煌々とした明りにつつまれた。それでも暗闇から予告もなしに現れる不動明王像はやはり薄気味が悪かったし、また避難小屋っぽい建物の戸を開けた時に目に飛びこんできた仏壇には、思わず裏返った声をあげた。

五番関という鞍部から先でスタッフと合流。それまでの世俗っぽい林道と人工林の山道とは一変し、上部はブナの原生林に囲まれた厳かな森となった。昭和初期から残っているような雰囲気の茶屋には各地の講の御札が貼りめぐらされており、白袈裟に兜巾《ときん》をかぶった在家山伏たちが、おまいりーという独特の発語の挨拶を残してすれ違っていく。山頂付近には山の胎内からむき出しになったかのような岩場がつづき、大きな宿坊が軒を連ね、最後は宗教的な森厳さを浴びての登拝となった。

実際に千日回峰行の道程を歩いてみて分かったことは、やはり一日回峰行では千日回峰行のことは何も分からないということだった。往復四十八キロの山道は、やはり一回登り下りするだけでも結構ハードである。それを大峰千日回峰行では五月から九月までの百二十数日間、毎日歩きつづけ、九年かけて千日満願しなければならないのだから。その肉体的な厳しさは想像を絶するものがある。と同時に、この荒行を独特なものとしているのは、途中で断念したり休止したりすることが基本的に許されておらず、その点で厳格な縛りがかけられているということである。すなわち雨が降ろうと雪が降ろうと、台風が襲来しようと、土砂崩れで山道が崩壊しようと、親が死のうと、滑落して片足を骨折しようと、とにかく何が起きても途中でやめることは許されない。一度手をつけたら千日やり終えるまでつづけなければならず、もしどうしても断念しなければならない時は、持参の短刀で腹を掻っ捌くか、死出紐というロープで首を括らなければならないのである。

私見では、こうした命のかかった縛りをかけることで、大峰千日回峰行はヒマラヤの高峰登山や北極点単独行のような極限的な冒険と同レベルの危険性を獲得した行いになっている。たしかに往復四十八キロの山道は、条件のいい時に一往復するだけではさほどの危険性はない。せいぜい暗闇の中で足を踏み外すか、運悪く熊に襲われるぐらいのものである。しかし、どんな悪条件下でも決行しなければならないとなると話は違ってくる。北極を歩く冒険家はブリザードが来たらテントの中でやり過ごす選択が許されているし、ヒマラヤの登山家は天気予報で晴れる確率が高い日を狙って登頂日を設定することができる。しかし、回峰行者にはそうした退避行動は許されていない。土砂崩れが起きるような豪雨や台風、大風の日にも山に登り、どんなに身体が衰弱してもつづけなくてはならないのだ。私は以前から、冒険と宗教的な行の目的の間には、かなり近接した性格があるのではないかと感じていた。

例えば北極点を目指す冒険家の究極の目的は、北極点に到達することにあるわけではないだろう――少なくとも私はそう思っている。氷点下四十度にも五十度にもなる極寒の環境、バキバキと予兆もなく割れる浮き氷、そうした極限の自然環境の中に身を置くことで実感できる抽象的な何かの中に、人間が冒険をする秘密は隠されている。その実感できる何かを端的に言葉に変換することはかなり難しいが、しかしあえて乱暴にそれを試みるなら、死の恐怖ということになろう。行動中に自然から常時与えられている漠然とした、そして時に明確化する死の恐怖。それは北極で感じる白熊に襲われるのではないかという恐怖であり、ブリザードが吹きやまないのではないかという恐怖である。また氷壁に挑むクライマーが感じるような、薄氷が割れてバイルのピックが外れてしまうのではないかという恐怖であり、天候が急変し、絶体絶命の状況下で壁に取り残されるのではないかという恐怖である。冒険者に必要なのは、そうした精神をナイフでぎりぎりとそぎ落とされていくような死の恐怖なのだ。

冒険というのは人間には制御できない自然の中に身体を置き、自然に主導権を委ね、自然に翻弄されながら、それでもなんとか自然の機嫌のいい時にうまいこと隙をついてゴソゴソと隅っこのほうで生きていこうとする、そういう行為である。自然は死を基調とした恐ろしい世界であり、その奥深くに入れば入るほど人は死に近づくことになる。しかし、というか、だからこそ、というか、とにかく冒険者は自然が与える死の匂いの中で生きることで、その奥底にある、自分たちの命を律動させている何かと触れ合っているような気になるのである。冒険者は自然の中で己の卑小さを認識し、自然を畏怖し、そして時に圧倒的な暴力をふるう自然の前で恐懼《きょうく》、戦慄するのだが、しかし本当の生を獲得できるのはそうした自然の中でしかないということも知っている。

千日回峰行もまた冒険と同様、自然の中で抽象的で観念的な何かを摑み取ろうとする行為である。回峰行は台風でも豪雨でもとにかく千日間続行しなければならないという人為的な制約を課すことで、本来北極やヒマラヤに比べたら穏当な大峰山を、それらと同レベルの苛酷な自然環境に変成させる。そして同時に肉体的にも行者を超人的な状況に追いこむ。つまり外の自然である山と、内なる自然である身体の双方の最も激しい一面を、中断不可能という制約を課すことでむき出しにして、その内外の自然に自己を委ねることで悟りを開こうとするのが千日回峰行なのだと私は理解している。

私には冒険者も千日回峰行者も求めているものは基本的に同じであるように思える。それはむき出しの自然の中に取り囲まれた時の感覚であり、そこで獲得できる生きることに関する認識や手応え、己の生の圧倒的な実在である。少なくとも、すべては自然の中に存在している、という世界観は共通しているはずだ。俗人からしてみると、悟りというとなんだか高尚で、同時に怪しげにも聞こえるのだが、それは単に宗教的なタームが使われているからそう聞こえるだけで、案外、冒険者が苛酷な自然の中で感得する〝生きているという感覚〟と本質的に変わらないのではないかという気さえする。不遜かもしれないが。

冒険者と宗教的修行者との関係について思案した時にいつも思い出すのが、平安末期から鎌倉初期に自然への賛美の歌を数多く残した西行のことだ。

といっても私が思い浮かべる西行とは実在した西行ではなく、辻邦生が『西行花伝』で描いた西行である。私はこの本以外に西行について書いた本はほとんど読んだことはないし、彼の和歌についても深く嗜《たしな》んでいるわけではない。つまり彼の実像についてはほとんど何も知らない。従って私にとっての西行とは『西行花伝』の西行であり、本稿の西行も『西行花伝』の西行だと思ってもらいたい。

この本は西行の弟子である藤原秋実という人物（高橋英夫氏の文庫解説によると、おそらく架空の人物ではないかという）が、師西行の死後に、彼とゆかりの人物を訪ねて聞き出した昔話や、秋実本人の西行との思い出を回想した話などを組み合わせて立体的に紡ぎ出した、西行とその時代についての一大絵巻ともいうべき物語である。『背教者ユリアヌス』や『安土往還記』など、真実を希求する人物を一貫して描き出してきた辻邦生の重厚な作品群の中でも、この『西行花伝』は最も完成度の高い仕上がりになっており、個人的には一番好きな作品だ（ついでにいうと、この作品は秋実が様々な人物に西行のことを取材して書き上げたという体裁をとっているので、その意味ではノンフィクション的な手法を取り入れた小説であるということもいえ、私にとっては書き方の参考にもなる）。

初めて読了した時に抱いた感想は、西行というのは日本で最初の登山家だったのではないか？　というものだった。もちろんここでいう登山家とは象徴的な意味で用いているだけで、西行は大峰山で回峰行を行ったことになっているが、いわゆる登山家ではない。また「最初」というのも、厳密な意味での最初ではなく、例えば役行者は西行よりも前の時代に生きた人物であり、同じような登山家的人間だった可能性がある。私がいいたいのは、西行というのは現在の登山者や冒険者と非常に近い心性で自然と接した、かなり初期の段階の人物だったのではないかということだ。

人が山に登る。それはかなり異常な行為であると私は思っている。そもそも人は山に登る必要などさらさらない。山は厳しいし、危険だし、苦しいし、死に満ち満ちた世界で、なおかつ登ったからといってその努力に見合った対価など物理的には何もない。得られるものがあるとすれば、それは本稿でこれまで述べてきたような極めて抽象的で観念的な、個人的な充足感に近い感慨や、登頂に伴う達成感、あとしいてくわえるなら足腰が強くなるといった肉体的な能力の向上ぐらいである。だから、山に登らない人は、山に登って得られるそれらの効用が、登山に伴う危険や苦しさには到底見合わないと感じ、山に登る人たちに「なぜあなたは山に登るのか」と訊ねるのだ。

人が山や極地のような厳しい自然に向かおうとするには、その人の日常や生活が自然から切り離された状態になっていることが前提になる。例えばアマゾンのインディオやカラハリ沙漠のサン人のように、自然の中で暮らす狩猟採集民族は山になど登ろうとしないだろうし、山に登ることの意味も理解できない。それはなぜかというと、彼らの生活自体が登山だからだ。彼らは自然という暴力的な状態の中で生活を営むことで、常に死の危険や生活が崩壊する危険に晒されているのだが、同時にそのように死と隣接して生きることで生の輪郭が明確にかたちづくられてもいる。つまり登山者が山で感得するような、死と接することで得られる生の感覚を生活で獲得できている。

一方、人間の文明が進展して都市が形成されると、そこでの生活は自然から切り離される。その結果、日常は人工的に管理されて安全にはなるが、死から切り離されるため、生の輪郭は曖昧になり、必然的に都市生活者の人生は自分が生きていることの意味に悩む青白いインテリ青年みたいな、ぼんやりとしたものになってしまう。

近代登山が都市文明の進展したヨーロッパではじまったように、人が山に登ったり厳しい自然の奥深くに向かったりすることを志向するようになるには、まず生活自体が自然から切り離された状態になることが条件となる。生活が都市化することによって生が漂流し、日常から消え去った死の要素を取り戻すことにより、もう一度、生を活性化させたいという潜在的欲求が身体のほうからわき上がってこないと人間は山になど登らないのだ。その意味で登山には生活から死が喪失したことで生が浮遊してしまった、実存的な病弊を抱えた人たちによる、やむにやまれぬ生の回復運動という側面がある。

『西行花伝』を読む限り、西行もまたそうした一人なのではなかったかという気がする。西行こと佐藤義清《のりきよ》は、紀ノ川のほとりの田仲荘という広大な所領を抱える裕福な地主階級の出身だった。幼い頃こそ田仲荘で暮らしたが、間もなく京都に出立し、蹴鞠《けまり》や流鏑馬《やぶさめ》など武芸の技術で世に名を知られるようになり、その腕を見こんだ鳥羽上皇からひとかたならぬ寵愛を得て北面の武士に取り立てられる。当時の平安京を今でいう都市と呼んでいいのかどうか門外漢の私にはよく分からないが、ただ、城壁に囲まれた内側での生活には大なり小なり自然との断絶が生じていたはずで、彼は漂流した生を持て余した都市生活者だったのではないか、というのが私の仮説だ。佐藤義清が出家して西行となるまでには、鳥羽院の中宮である待賢門院璋子とのプラトニックな恋愛や、従兄で親友の佐藤憲康の死などいくつかのキーワードになる出来事があるが、出家して高野山や大峰山のほとりに草庵を立てて、歌を詠んで暮らすようになるまでの背景を考える時、彼が都市生活者だったという視点は見逃してはいけないように思う。

たぶん辻邦生もそう仮定したのだと思う。なぜなら、そう考えないと理解できないほど、この作品で描かれた西行は現代の登山者や冒険者に近い心性で歌を詠んでいるからだ。

西行の一生で特に登山的行動だったといえるのは、若い頃に行った陸奥への旅である。辻邦生は作品の中で、旅から戻った西行のそれまでとは一変した風貌について、親交のあった藤原頼業《よりなり》に次のように語らせている。

いったいこれが出立時と同じ西行なのか――それが最初に会ったときの印象《かんじ》であった。日に焼け、風に鞣《なめ》された肌は浅黒く、がさがさ荒れていて、野山を蓬髪で歩く山伏のような容貌であった。まるで苔むした大岩がごろりと横たわっているようであった。

頼業がその印象を伝えると、西行は次のように語った。

旅のあいだ、いろいろの出来事に逢ったからだろうな。領主の苛酷な労役に耐えかねて故郷を棄てた農民や、良人を土地争いで失った女や、娘を盗賊に奪われて発狂した母親や、飢えのために死人の肉を食って鬼になった男たちに出逢った。幸せな人たちもいたが、多くは不幸に打ちひしがれた人たちだった。六道輪廻《ろくどうりんね》の姿をまざまざと見る思いがした。この世に、このような姿として生れる。それがすでに六道の有様だ。旅の道々、白骨となって野ざらしになった骸をどれほど埋葬したか分らない。だが、このように定められた現世《うつせみ》の姿を人はどうすることもできない。ただそれを受け入れるほかない。頼業《なり》、私は旅のなかで何か学んだとすれば、六道輪廻のこの存在《あるまま》を、そっくり受け入れることだった。

自然を人間に制御できない、どうしようもない世界、状況と捉えるなら、西行が歩き、経験した六道輪廻はまさに自然そのものである。故郷を棄てた農民や良人を失った女、発狂した母親や人肉食いをして鬼になった男はすべて、自然という死を基調とした世界と隣接した場所で生活を営む者たちが必然的に抱えた生のかたちだった。都市の中で生活するうちに、いつしか生を喪っていた西行は、旅で見た生と死がむき出しになったこの世の現実的な相貌に驚き、そして自らの生の内部に死を取りこんでいった。彼が後年、形成することになった自然に対する洞察や、歌にこめた内容は、すべてこの六道輪廻を受け入れたことがベースになっている。西行はすべてをこの世の宿命と受け止め、それにわが身を委ねることが人間の生きる意味だと話しているが、それは陸奥で六道輪廻を経験したことで、この世の中には人間の意図や思惑を超えた絶対的な何かがあることを認めて到達した境地なのである。自然の中にある死や六道輪廻を踏まえた上で、その向こうに咲く一輪の花の美しさを愛でるのが歌人西行の表現だった。

晩年、西行は、平家を駆逐して新しい時代を切り開いた源頼朝と鎌倉で面会することを決意する。頼朝と面会する時西行は、人間を動かす政治的な理法、現実の世界で実効的な力を持つ理法を知り尽くした頼朝に、彼の理法を超える世の中の真理を解き明かした理法を歌のかたちで示すという大きな仕事を自らに課した。辻邦生は西行に次のように独白させている。

もしこの世のすべてのことが、勝《かち》と負《まけ》、成功と不成功から成るなら、真《まこと》の理法《ことわり》とは、勝だけ、成功だけではなく、反対側の負も不成功もともに引き受けるものではないか。この世から事が成る成らぬの考え方を棄て、ただこの世に在ることの喜びに生きることではないか。

そして西行は次の有名な一首を頼朝に献じる。

心なき　身にもあはれは　知られけり　鴫《しぎ》立つ沢の　秋の夕暮

これこそ西行が六道輪廻の果てに到達した世の中の真の理である。

現代の登山者や冒険者が必ずしも西行のような感性で自然を感じ取るわけではない。私の周りには桜の花を愛でたり、月の影に感じ入ったりするロマンチストは、自分もふくめて皆無である。しかし心根は共通していると感じる。私が北極の氷原という六道輪廻でいつか見出したいのは、この鴫立つ沢の秋の夕暮であるといえなくもない。

神なき土地へ

コーマック・マッカーシー『ザ・ロード』を読む

『ザ・ロード』を本屋で手に取ったのは、二〇一〇年の春になる前の、まだ寒さが東京の街に残っていた頃だったと思う。その数カ月前まで、私はチベット奥地の峡谷地帯を単独で探検しており、帰国してしばらく経った頃に新宿の紀伊國屋書店本店をぶらぶらしていて、たまたま海外小説のコーナーに平積みされているのを見かけたのである。印象的だったのは作家の小野正嗣さんが読売新聞の書評で書いたという本の帯の言葉だった。

――とにかく読んでもらいたい。まぎれもない、とてつもない傑作だ。

かつて、コーマック・マッカーシーの『血と暴力の国』という作品を読んだことがあった私は、この帯の言葉に惹きつけられたこともあって、何気なくページをめくった。すると、冒頭から、この作品から醸し出される、重低音が静かに鳴り響いているような物々しい雰囲気に引きずりこまれてしまった。ものすごく荘厳なのだが、一方で静謐でもある。目の前に暗雲が垂れこめ土埃が舞う光景が現出したかのようなリアリティーと、黙示録のような叙事詩が静かに幕を開けたみたいな響きがあり、私は迷うことなく会計まで持ち運んだ。

『ザ・ロード』で描かれていたのは、近未来の米国大陸が舞台の物語だった。すでに世界は荒廃しており、文明は瓦礫の山と化し、一面、白い灰の降りつもる焼け野原となっている。生き残った人間はわずかな者しかおらず、もはや神もいるとは思われない、そういう世界だった。おそらく大規模な核戦争か隕石の衝突でもあったのだろうと私は勝手に想像したが、いずれにしても物語の中で文明が崩壊した理由については明示されていなかった。

こうした終末を思わせる世界の中で、主人公である父と子は、冬を乗り越えるために、ただひたすら南を目指して歩きつづけるのである。

すでに母はこの世界に絶望して自ら命を絶っていた。従って物語を構成するのは、父と子、そして二人を取りまく死の世界だけである。父と子は、生き延びるのに必要な野営道具やわずかばかりの食糧を、小さなナップサックと、途中で手に入れたショッピングカートに詰めこみ荒野をさまよった。時々、見知らぬ人との出会いが待ち受けるのだが、そうした出会いは二人の心を解きほぐすのではなく、むしろ緊張させた。なぜなら、生き残った者たちの多くはすでにモラルや規範を失っており、自分が生き残るためだけに略奪に走り、時には他人を殺害してその肉を喰らっている者さえいたからだ。街路にはそうした野盗と化した人間によって殺された、か弱き人々の骸《むくろ》が晒されており、二人はそうした、強い者が弱い者を支配する動物的な弱肉強食の原理が支配する世界で旅をつづけた。

衝撃的な本だった。本書が私にとって衝撃だったのは、コーマック・マッカーシーが描くこの物語世界が、私が冒険を通じて感じた世界観とかなりの部分で重なっているように思えたからだった。

　私はこの本を読む数カ月前に決行していたチベットの単独探検で、死を間近に感じるような経験をしていた。

　チベットの山中では常に死が隣にあった。私が探検していた峡谷は急峻な断崖やぬめった急斜面が延々とつづく、いわば緑の牢獄で、私の脳裏からは四六時中、足を滑らせて谷底まで滑落するシーンが離れなかった。また、季節が冬だったこともあり、大雪に見舞われて洞穴で焚き火を熾しながら、幾日も暗い空を見上げて天候の回復を祈ったこともあった。単独であった上、衛星電話のような外部と連絡が取れる手段は保持していなかったので、ケガをしたら基本的に自分の人生は幕を閉じるという持続的な緊張感を抱えながら、私は旅をつづけていたのである。

　チベットの山奥で学んだのは、本物の生というのは死を取りこまないと見えてこないということだった。死は生を断絶させるだけではなく、逆に生を照らし出し、生を赤く煌めかせるものでもある。現代の都市生活では死は文明により巧妙に隠蔽され見えなくなっているので、われわれ都市生活者の生は輪郭の伴わない曖昧なものとならざるを得なくなっているが、しかし、一度都市を離れ、人間の管理している世界の外側にある深い自然の中に飛びこんでみると、誰だって人間は生の隣に死があることに気づかされるだろうし、また、その死によって自らの生もかたちを与えられていることを実感させられる。

『ザ・ロード』に描かれているのも、まさにそうしたことであるように思われた。ここに描かれている架空の米国大陸は、たしかに密林や砂漠や荒涼とした氷の世界や風雪の吹きすさぶ高峰の絶壁といった、いわゆる自然環境ではないが、しかし、自然というものを「人間の制御の外にある死によって律せられた世界」と定義すると、それはまさに私が旅したチベット奥地の峡谷地帯と本質的には何も変わらない世界となる。

物語に登場する雪花石膏のような骨格をした不気味な生物や、崩れ落ちたビルディング、それに熱線により焼け焦げた死体や略奪し人肉を貪り喰う餓鬼と化した人間どもは、いずれも自然界にとりとめもなく存在する死を具現化したものとみることができよう。コーマック・マッカーシーは「自然＝死」とのつながりを失った現代文明を一度崩壊させるというシンボリックな手法を用いることで、本来は人間のコントロールの外にあったはずの荒々しい自然を文明の中に強引に復活させ、そして現代社会の生き残りである父と子に旅させて、彼らが失った生の輪郭を取り戻させる物語を描いているのである。

今、振り返ると、『ザ・ロード』を読んだことで私の人生は大きく変化を受けることになった。本というのは人との出会いのようなもので、あの時、あの本を読んだことで自分の人生は今このように変わった、ということがたびたび起きる。この『ザ・ロード』という本は私の人生において、まさにそのような本の代表的なものとなった。

実は私はチベットの探検が終わったら、次はニューギニア探検に向かうつもりでいた。話を遡ること十年ほど前、二〇〇一年に私は登山界ではよく名前の知られたあるクライマーが発案した探検隊に参加したことがあった。この探検隊の概要を簡単に記すと、まずヨットで日本を出港し、途中の島々に寄港しながら太平洋を南下し、ニューギニア島の西半分を占めるインドネシア・イリアンジャヤ州（現パプア州および西パプア州）を目指す。それから同島第二の川であるマンベラモ川をボートで遡上し、オセアニア最高峰であるカールステンツ・ピラミッドに向かい、高さ千メートルを誇る同峰の北壁にロッククライミングの新ルートを開拓するという、海、川、山にまたがる堂々たる計画だった。

しかし、現地の独立ゲリラの活動が活発化したことなどから遠征は計画通りにいかず、結局、私たちはマンベラモ川の遡上の途中で最終目的地であるカールステンツ・ピラミッドの登攀を断念せざるを得ない状況に追いこまれた。方向性を見失ったわれわれは空中分解し、私は隊の今後の方針をめぐって隊長と意見が対立した。対立といっても、私は大学を卒業したばかりの最年少隊員だったので明確な反論ができず、隊長が提示したカールステンツ・ピラミッドにかわる新しい目標にどうしても納得がいかないというか、まったく関心が持てずに不満を鬱積させていただけというのが実際のところだったが、いずれにせよ私は木賃宿のような安宿の一室で、もし自分が再びニューギニアに来ることがあればこれをやるという探検計画を、不満をぶちまけるかのように日記に書き記していたのだった。その十年ほど前に発案した計画を、私はチベットの峡谷探検の次についに実行に移そうと考えていたのである。

しかし、その十年越しのニューギニア探検計画は『ザ・ロード』を読んだことで再び、かつ無期限に延期されることになった。というのも『ザ・ロード』を読んだ時、私の胸の内には、自分もこういう旅をして、こういう本をノンフィクションとして書きたいという欲求が芽生えてしまったからである。

私が考えていたニューギニア探検は、広大なジャングルの湿地帯を蛇行して流れる川をカヌーで遡り、未知の山域の未踏の岩壁を目指すという、極めて古典的な地理的探検の世界に属する内容だった。イメージとしては川を遡上している途中で木々の切れ間から目指す岩壁を遠望し、仲間とともに「見えたぞ、あれがマンダラ山南壁だ!」と大はしゃぎしてそこを目指すという、どちらかといえば探検という言葉から想起される固定観念に近い少年漫画のようなわくわくする冒険行を想定していた。

だが、チベットの峡谷探検で死を取りこむという体験をしてしまったことで、私は次に実行しようと思っていたこのニューギニア探検の内容が、今の自分の心象風景とそぐわないのではないかという違和感を抱えてしまった。自分が今やりたいのは少年漫画のようなジャングル探検ではなくて、チベットで垣間見たような生と死のあわいに入りこむ、もっと人間存在の実存に迫る旅なのではないか。当時はチベットでの体験をまとめた作品をひとまず書き終え、そして少しずつニューギニアの準備に着手しようと考えていたところだったが、そうした違和感が大きくなってきたこともありその準備に手をつけかねていた。

そのタイミングで読んだのが『ザ・ロード』だった。『ザ・ロード』は私がチベットで経験した生と死の境界線を行くような旅を、小説という手法で極めてダイナミックに描いていた。舞台は文明の崩壊した架空の米国大陸であったが、しかし私の脳裏に浮かんだのは風が吹きすさび、砂塵の巻き上がる虚無的な荒野を父と子が連れ立って歩く姿だった。そこは何もない。神すらいない、むき出しの生と死しかないシンプルかつ極限的な世界。感情すら失われ、人が生きて人が死ぬという無機質で冷え冷えとした時間の流れだけがある世界だった。読了した私を襲ったのは、巨大な読後感と、そしてこのような世界に行けばチベットで感じた死を取りこんだ生というものを、さらにもう一歩踏みこんで経験し、表現できるのではないかという欲望だった。

だが、現実的な問題として『ザ・ロード』で描かれた世界が地球上に存在するわけではない。北米大陸の現代文明は未だ崩壊せず栄華を誇っているし、それに個人的な身の周りのことをいえば、その時、私には子供がいなかった。だがそれに近い世界が現実の地球上のどこかにあるはずだと考えをめぐらせた時に浮かんだのが、雪と氷しかない極寒の極地の世界だった。

もちろん、一口に極地といっても北極もあれば南極もあるし、北極ならアラスカとシベリアとグリーンランドでは気候も風土も文化もかなり異なる。しかし、当時の私はそうした地域や文化による差異にはあまり関心がなかった。なぜなら私にとっての極地とはアプスレイ・チェリー＝ガラードの古典探検記である『世界最悪の旅』に描かれた極地であったからである。

この本は主に一九一一年から一二年にかけて、ノルウェーのアムンセン隊と南極点初到達を争い、そして敗れ去った有名な英国スコット隊の探検と遭難の模様を描いた作品である。海岸近くに設営した小屋を出発したスコット隊は支援隊の補給を受けながら南下をつづけ、最後は精鋭の六人で極点隊を編成して南極点を目指し、一九一二年一月十七日に到達したが、しかし、そこで見つけたものはライバルであるノルウェー隊がすでに到達していたことを示すテントと、アムンセンがスコットに宛てて残した勝利宣言ともとれる残酷な手紙だった。スコット隊は失意のもと帰路についたが、彼らを待ち受けていたのはさらなる不運と苦難だった。季節外れの悪天候や軟雪、氷点下四十度もの寒さに阻まれた彼らの身体は徐々に衰弱し、凍傷や壊血病に苦しめられた末に、一人、また一人と脱落するように命を落としていく。そして、最後はスコット本人が家族や支援者や国民に向けて書いた壮絶な手紙を残して絶命する。

私が『ザ・ロード』を読んだ時に思い浮かべたのは、この『世界最悪の旅』に描かれたどうしようもないほど悲惨な極地の世界だった。この本には隊員たちが凍傷に罹り、衰弱し、そして絶命していくさまが、スコットや他の隊員の日記を抜粋するかたちで克明に記されている。ただ、その筆致はどこか恬淡《てんたん》としていて、初めて読んだ時は彼らが自分や仲間の命に対して無関心になっていっているようで、人間が壊れてしまったような薄気味の悪さを感じた。普通の人間にとって死は最も遠ざけるべき、恐れるべきものなのに、スコット隊の隊員たちは生前からさほど動じることなく、感情を失ったかのように死を受け入れ、そしてその時が来たら電源が切れたロボットみたいに事切れていく。その姿からは、極地に行くと人間はこうなってしまうのか……という不気味さが感じられて、私はこの本に慄然とした。今から思うと『ザ・ロード』が私に喚起したのは、この『世界最悪の旅』の中に描かれた極地という世界が持つ終末的な虚無性だった。

『ザ・ロード』を読んだことがきっかけで私はニューギニア島ではなく、極地に行くことを具体的に考えはじめた。その時に思い描いたのは、単独で、冬の暗黒の季節に、犬を一匹連れて長い旅をするというものだった。冬の極地は太陽の昇らない極夜の季節となる。太陽すら昇らない、光すら失われた、すべてが完全な死の静けさにつつまれた、まさに人間の制御の外にある自然の中で、ひたすらどこかに向けて歩きつづければ、スコット隊が全滅しなければならなかった極地の何たるかを思い知ることができるのではないか。犬を連れていくという発想も、『ザ・ロード』で父と子が連れ立って旅をしたという物語設定を無意識のうちに踏襲したものであったのかもしれない。

しかし、極地に行ったことがないのに、いきなり単独で極夜の時期に長い旅などできるわけはない。初めは、北極探検のベテランで友人の荻田泰永と二人で二〇一一年の三月から七月に百三日間かけて、極北カナダの雪と氷しかない海氷と、春から初夏にかけて雪が解けつつあったツンドラの湿地帯を約千六百キロにわたり踏破した。極地旅行の基本的な手法に習熟した私はいよいよ本来の目的である極夜探検に手をつけるため、翌年再び極北カナダの地に赴き、極夜の季節に約一カ月間の単独放浪を行った。このカナダの旅で暗黒の季節に旅ができるという手応えが得られたので、私は最終的な極夜探検の地として冬になると数カ月間におよぶ暗闇に閉ざされるグリーンランド北部とカナダ・エルズミア島の北緯七十八度から八十度あたりの極北域を選び、二〇一四年の一月から四月にかけて、グリーンランド最北の村シオラパルクに向かった。そこで一匹の犬と出会い、図らずも当初夢想した通り犬を引き連れて四十日間の橇旅行を行うことになったのだった。

北極に通いはじめて四年が経ち、ようやく私は今、極夜の北極での長い旅を実現するための具体的な準備の段階に入りつつある。二〇一五年から一六年の冬の時期に、例のシオラパルクで出会った一匹の犬とともに、グリーンランドからカナダまでの約四カ月におよぶ長期の放浪探検を計画している。目的は極夜の季節に一人で入りこみ、移動しながらそこで生きるという以外、これといったものはない。あえていえば四カ月の暗闇の末に昇る太陽を見ることが目的だろうか。冒険とは、何かを達成することにその意義があるわけではなく、その目的を達成するまでの過程における一連の瞬間に宿された手応えのある生の感覚を得ることに意義がある。極地の長期間放浪を行うことで、私は冒険行為に対するこうした自らの哲学を行動と文章で表現できるのではないかと考えているのである。

『ザ・ロード』を読み、こういう旅をしたいと思ったことがきっかけで、私は三十五歳から四十歳にかけての人生で最も脂が乗った時期を、ほぼ完全に極地に捧げることになった。この本を読んだせいで人生が変わったというのは、そういう意味である。

コーマック・マッカーシーは『ザ・ロード』の最後の一節で次のようなことを書いている。

かつて山の渓流には川鱒が棲んでいた。琥珀色の流れの中で縁の白いひれを柔らかく波打たせている姿を見ることができた。手でつかむと苔の匂いがした。艶やかで筋肉質でぴちぴち身をひねった。背中には複雑な模様があったがそれは生成しつつある世界の地図だった。地図であり迷路であった。二度ともとには戻せないものの。ふたたび同じようには作れないものの。川鱒が棲んでいた深い谷間ではすべてのものが人間より古い存在でありそれらは神秘の歌を静かに口ずさんでいたのだった。

永遠に変わらないものは、虚無にすら見える自然の奥深くにしか存在しない。何もないところにこそ、すべてはあるのだ。

四カ月間にわたって他の誰にも会わず、雪と氷と月と星しかない世界を歩きつづけることができたら、私は『ザ・ロード』の中で描かれた、ただひたすら生き延びるためだけの旅を経験できるのだろうか——。

【あ】

安土往還記（新潮文庫）辻邦生……238 266
アフガン諜報戦争（白水社）スティーブ・コール……224
アヘン王国潜入記（集英社文庫）高野秀行……166
暗渠の宿（新潮文庫）西村賢太……151
井田真木子著作撰集（里山社）井田真木子……206
ウィトゲンシュタイン哲学宗教日記（講談社）ルートヴィッヒ・ウィトゲンシュタイン……239
宇宙創成（新潮文庫）サイモン・シン……153
エヴェレストより高い山（朝日文庫）ジョン・クラカワー……66 104 152
A3（集英社文庫）森達也……145
越境（ハヤカワepi文庫）コーマック・マッカーシー……134
大いなる眠り（ハヤカワ・ミステリ文庫）レイモンド・チャンドラー……238
オオカミと人間（草思社）バリー・ホルスタン・ロペス……135
狼の群れと暮らした男（築地書館）ショーン・エリス、ペニー・ジューノ……122 245
オスカー・ワオの短く凄まじい人生（新潮クレスト・ブックス）ジュノ・ディアス……155 229
俺俺（新潮文庫）星野智幸……82

【か】

完全なる証明（文春文庫）マーシャ・ガッセン……239
完全なる敗北（文化放送）ヒュウ・イームズ……74
奇跡の生還へ導く人（新潮社）ジョン・ガイガー……86 137
木村政彦はなぜ力道山を殺さなかったのか（新潮文庫）増田俊也……184 225 229
虐殺器官（ハヤカワ文庫JA）伊藤計劃……148
極北で（新潮クレスト・ブックス）ジョージーナ・ハーディング……84
極北の夢（草思社）バリー・ホルスタン・ロペス……136
銀河ヒッチハイク・ガイド（河出文庫）ダグラス・アダムス……158
グーグル革命の衝撃（新潮文庫）NHKスペシャル取材班……138
空白の五マイル（集英社文庫）角幡唯介……93 154 171
苦役列車（新潮文庫）西村賢太……149 151
幻獣ムベンベを追え（集英社文庫）高野秀行……162
荒野へ（集英社文庫）ジョン・クラカワー……65 104
告白（中公文庫）町田康……71 248
個人的な体験（新潮文庫）大江健三郎……239
これが見納め（みすず書房）ダグラス・アダムス、マーク・カーワディン……158
これからの「正義」の話をしよう（ハヤカワ文庫NF）マ

イケル・サンデル……77
コロンバイン銃乱射事件の真実（河出書房新社）デイヴ・カリン……225
コロンブスそっくりそのまま航海記（朝日新聞出版）ロバート・F・マークス……62

【さ】
西行花伝（新潮文庫）辻邦生……238 259
最新世界周航記（岩波文庫）ダンピア……239
嵯峨野明月記（中公文庫）辻邦生……238
ザ・ゲーム（パンローリング）ニール・ストラウス……237
聖の青春（講談社文庫）大崎善生……240
サバイバル！（ちくま新書）服部文祥……60
サバイバル登山家（みすず書房）服部文祥……60 67
さよなら、愛しい人（ハヤカワ・ミステリ文庫）レイモンド・チャンドラー……61
ザ・ロード（ハヤカワepi文庫）コーマック・マッカーシー……69 273
死の淵を見た男（PHP研究所）門田隆将……238
狩猟サバイバル（みすず書房）服部文祥……67
将棋の子（講談社文庫）大崎善生……240
信仰が人を殺すとき（河出文庫）ジョン・クラカワー……65 104
人体冷凍　不死販売財団の恐怖（講談社）ラリー・ジョンソン、スコット・バルディガ……142
神話の力（ハヤカワ文庫NF）ジョーゼフ・キャンベル、ビル・モイヤーズ……81 110
すべての美しい馬（ハヤカワepi文庫）コーマック・マッカーシー……134
性的人間（新潮文庫）大江健三郎……239
西南シルクロードは密林に消える（講談社文庫）高野秀行……160 161 237
世界最悪の旅（中公文庫）アプスレイ・チェリー＝ガラード……196 280
世界しあわせ紀行（早川書房）エリック・ワイナー……243
戦禍のアフガニスタンを犬と歩く（白水社）ローリー・スチュワート……146
一九八四年（ハヤカワepi文庫）ジョージ・オーウェル……33 139
戦場の掟（講談社）スティーヴ・ファイナル……70
1491―先コロンブス期アメリカ大陸をめぐる新発見（日本放送出版協会）チャールズ・C・マン……221
1421（ヴィレッジブックス）ギャビン・メンジーズ……63
空へ（ヤマケイ文庫）ジョン・クラカワー……65 97

【た】
代替医療のトリック（新潮社）サイモン・シン、エツァ

ート・エルンスト……227
誰がダニエル・パールを殺したか？（NHK出版）ベルナール＝アンリ・レヴィ……224
小さいおうち（文春文庫）中島京子……49
血と暴力の国（扶桑社ミステリー文庫）コーマック・マッカーシー……69 273
月（白水社）ベアント・ブルンナー……238
月と六ペンス（岩波文庫）サマセット・モーム……36
哲学者とオオカミ（白水社）マーク・ローランズ……73 135 223 236
倒壊する巨塔（白水社）ローレンス・ライト……66 224
父さんのからだを返して（早川書房）ケン・ハーパー……76 77
同時代ゲーム（新潮文庫）大江健三郎……239
透明人間の告白（河出文庫）H・F・セイント……228

【な】

長いお別れ（ハヤカワ・ミステリ文庫）レイモンド・チャンドラー……62
七帝柔道記（角川書店）増田俊也……194
楢山節考（新潮文庫）深沢七郎……230
日常生活の冒険（新潮文庫）大江健三郎……239
日本人の冒険と「創造的な登山」（ヤマケイ文庫）本多勝一……233
ぬるい毒（新潮文庫）本谷有希子……228
ノンフィクション新世紀（河出書房新社）石井光太編……237

【は】

ハーモニー（ハヤカワ文庫JA）伊藤計劃……23 148
背教者ユリアヌス（中公文庫）辻邦生……238 266
聖書男（CCCメディアハウス）A・J・ジェイコブズ……225
白鯨（岩波文庫／新潮文庫）ハーマン・メルヴィル……37 39 239
ハチはなぜ大量死したのか（文春文庫）ローワン・ジェイコブセン……227
パンク侍、斬られて候（角川文庫）町田康……230
東ヒマラヤ探検史（連合出版）金子民雄……172
ピダハン（みすず書房）D・L・エヴェレット……235
百年前の山を旅する（新潮文庫）服部文祥……141
氷壁（新潮文庫）井上靖……100
ヒルズ黙示録（朝日文庫）大鹿靖明……233
フェイスブック　若き天才の野望（日経BP社）デビッド・カークパトリック……150
笛吹川（講談社文芸文庫）深沢七郎……229
フェルマーの最終定理（新潮文庫）サイモン・シン……153
冬の旅（集英社）辻原登……239
ブラック・ダリアの真実（ハヤカワ文庫NF）スティー

ヴ・ホデル……80
フラム号北極海横断記—北の果て—（ニュートンプレス）フリッチョフ・ナンセン……201
平原の町（ハヤカワepi文庫）コーマック・マッカーシー……134
ベスト&ブライテスト（二玄社）デイヴィッド・ハルバースタム……67
ヘッド・ハンター（徳間文庫）大藪春彦……38
望遠鏡以前の天文学（恒星社厚生閣）クリストファー・ウォーカー……240
冒険と日本人（朝日文庫）本多勝一……233
ホース・ソルジャー（早川書房）ダグ・スタントン……224
星の文化史事典（白水社）出雲晶子……240
北極圏一万二千キロ（文春文庫）植村直己……195 239
北極潜航（光文社）W・アンダーソン……71

【ま】

マイ・バック・ページ（平凡社）川本三郎……220
マザーズ（新潮文庫）金原ひとみ……12 223 229
万延元年のフットボール（講談社文芸文庫）大江健三郎……239
マン・オン・ワイヤー（白揚社）フィリップ・プティ……64
南へ（ソニー・マガジンズ）アーネスト・シャクルトン……91
メモワール（集英社）小林紀晴……241
メルトダウン（講談社文庫）大鹿靖明……232

【や】

宿屋めぐり（講談社文庫）町田康……230
ヤノマミ（新潮文庫）国分拓……156 223
山を考える（朝日文庫）本多勝一……233
ユア号航海記（中公文庫）ロアルド・アムンゼン……76
誘拐の知らせ（ちくま文庫）G・ガルシア＝マルケス……144
赦す人（新潮社）大崎善生……240
八日目の蟬（中公文庫）角田光代……223
腰痛探検家（集英社文庫）高野秀行……143

【ら】

リーダーは何をしていたか（朝日文庫）本多勝一……233
歴史の終わり（三笠書房）フランシス・フクヤマ……149
64（文藝春秋）横山秀夫……239
ロスト・シティZ（NHK出版）デイヴィッド・グラン……79
ロング・グッドバイ（ハヤカワ・ミステリ文庫）レイモンド・チャンドラー……61 154

【わ】
私のように黒い夜（ブルース　インターアクションズ）ジョン・ハワード＝グリフィン……244

【洋書】
Across Arctic America（Univ of Alaska Pr）Knud Rasmussen……118
COOK&PEARY（Stackpole Books）Robert. M. Bryce……79
Frozen in Time（Bloomsbury Publishing PLC）Owen Beattie&John Geiger……83　138
Ice Blink（Wiley）Scott Cookman……140
Narrative of the Second Arctic Expedition（Nabu Press）Charles Francis Hall……140

※版元は２０１５年１月現在のものです。

装丁　芥陽子（note）
装画／挿画　しりあがり寿

初出

日々本本　「星星峡」（二〇一三年四月号・七月号〜十一月号）
「幻冬舎ｐｌｕｓ」（二〇一三年十二月〜二〇一四年十一月）

読書日記　ブログ「ホトケの顔も三度まで」より

著者紹介

1976年北海道生まれ。ノンフィクション作家、探検家。早稲田大学探検部OB。『空白の五マイル　チベット、世界最大のツアンポー峡谷に挑む』（2010）で第8回開高健ノンフィクション賞、第42回大宅壮一ノンフィクション賞、第1回梅棹忠夫・山と探検文学賞、『雪男は向こうからやって来た』（2011）で第31回新田次郎文学賞、『アグルーカの行方　129人全員死亡、フランクリン隊が見た北極』（2012）で第35回講談社ノンフィクション賞を受賞。2013年より朝日新聞の書評委員を務めるなど書評も精力的に執筆している。

探検家の日々本本

2015年2月10日　第1刷発行

著　者　角幡唯介

発行者　見城 徹

発行所　株式会社 幻冬舎

〒151-0051 東京都渋谷区千駄ヶ谷4-9-7

電話　03（5411）6211（編集）

03（5411）6222（営業）

振替　00120-8-767643

印刷・製本所　中央精版印刷株式会社

ISBN978-4-344-02723-7　C0095

幻冬舎ホームページアドレス　http://www.gentosha.co.jp/

この本に関するご意見・ご感想をメールでお寄せいただく場合は、comment@gentosha.co.jp まで。